날개의 꿈

이상

날개의 꿈

이상

이원준 지음

자음과모음

차례

날개를 그리는 소년

세상 밖에서 세상을 보다

1장

날개를 그리는 소년

그늘 속 흰 얼굴의 소년, 김해경

"김해경! 김해경!"

운동장에서 3학년 체육 수업을 하던 선생님이 뒤늦게 해경을 찾기 시작했다.

"해경이가 안 보이네. 아까 교실에서 같이 나오지 않았니?"

당황한 선생님의 물음에 아이들은 일제히 한곳을 가리켰다. 선생님은 운동장 한구석 담장이 끝나는 곳으로 시선을 돌렸다. 넝쿨과 그 그림자 때문에 짙은 초록을 뭉쳐 놓은 듯한 그곳에 한 아이가 쪼그리고 앉아 있는 게 보였다.

선생님이 천천히 다가가 물었다.

"김해경, 여기 있으면서 왜 체육 수업을 받지 않지?"

아이는 나뭇가지로 운동장 바닥에 무언가를 열심히 그리고 있었다. 아이는 선뜻 대답하지 않고 하던 짓을 계속했다. 누군가의 초상이었는데, 귀를 덮은 채 아래로 치렁치렁하게 흘러내린 머리카락이 인상적이었다. 운동장 바닥이었지만 마치 도화지에 그린 것처럼 선명하고 사실적이었다. 아이는 가지고 있던 나뭇가지 끝으로 머리카락을 한 올 한 올 정성껏 다듬었다.

선생님은 물끄러미 그 모습을 내려다보았다. 아이는 이윽고 됐다는 듯 마침표처럼 낮은 한숨을 그림 위로 뿌렸다.

아이가 고개를 들어 선생님을 올려다보며 말했다.

"체육이 싫어서요……."

열 살짜리 아이치고는 맹랑하지만 심지가 곧은 말투였다. 선생님이 잠시 경직됐던 표정을 풀고는 조금은 누그러진 목소리로 말했다.

"좋은 것만 하면서 살 수는 없잖니? 친구들이 기다리니까 어서 가자."

아이는 마지못해 선생님의 손에 이끌리듯 자리에서 일어섰다. 선생님은 다시 아이가 그려 놓은 그림을 슬쩍 확인했다.

"누구지? 아주 예쁜데……. 어머니?"

아이는 말없이 고개를 내저었다. 아이가 한 걸음 앞서 걸으며 툭 내뱉듯이 말했다.

"……선생님이에요."

그때 학교 본관 앞에 걸려 있는 종이 요란하게 울렸다.

땡땡땡.

아이의 표정이 일순 환해지더니 통통 뛰는 듯한 목소리를 냈다.

"체육 시간이 끝났어요. 다음 시간은 미술이죠?"

선생님이 입가에 옅은 미소를 그리며 대답했다.

"어쩌지. 해경이가 체육만큼 좋아하지 않는 국어 시간인데…….'

아이는 그만 그 자리에 우뚝 선 채 꼼짝하지 않았다. 해경을 물끄러미 바라보던 선생님이 묘한 표정을 지으며 한마디 했다.

"넌 보면 볼수록 흥미롭고 가끔은 이해되지 않는 아이로구나. 국어 다음이 미술이니까 일단 교실로 들어가자."

잠시 생각을 하던 아이는 그때야 멋쩍게 머리를 긁적이며 걸음을 떼었다.

얼굴이 유난히 희고, 어린 나이답지 않게 늘 깊은 생각에 잠겨 있는 듯한 눈을 가진 해경이었다. 그렇게 그늘진 해경의 눈빛은 결코 평범한 아이의 모습이 아니었다.

암울한 시대에 잠시 머물다 간 천재 작가 이상의 어린 시절은 소용돌이의 연속이었다. 겉으로는 조용하고 평범한 듯 보이지만, 그 깊이를 가늠할 수 없는 그만의 가슴앓이를 품고 있기 때문이었다.

자신의 우울한 가족사와 시대적인 비극 사이에서 신음하다 바람처럼 사라진 이상. 그의 본명은 김해경으로, 신명보통학교 시절에는 그저 말수가 적고 유난히 얼굴이 하얀 아이로 비쳐졌다. 선생님과 친구들은 그림 그리는 것을 좋아하고 체육을 싫어하는 아이 정도로 생각했다. 그러나 조용히 자기만의 세계 속에 살고 있는 듯한 그가 훗날 한국문학사에 남을 인물이 될지는 아무도 몰랐을 것이다.

해경은 정말 체육 시간이 싫었다. 2학년 때인가 한번은 넘어져서 생긴 무릎의 상처가 심하게 곪은 적이 있었다. 해경에게는 반가운 일이었다. 잘 낫지 않는 종기를 핑계 삼아 체육 시간에 빠질 수 있어서였다. 종기를 덧나게 하려고 일부러 더러운 손으로 문지르고 아물지도 않은 딱지를 억지로 떼어낼 정도였다. 나중에 그런 사실을 안 선생님이 핀잔을 주자 해경은 아예 구석진 곳으로 숨어 버리기도 했다.

해경은 이상하게도 뛰는 것이 싫었다. 아무런 이유도 없이 무작정 달리고, 또 가쁜 숨을 몰아쉬어야 하는 것이 도무지 이해가 되지 않았다. 그러나 해경도 달리기를 할 때가 있었는데, 사직동 어머니가 사 준 운동화를 신고 있을 때였다.

해경은 그 운동화를 신고 학교도 가지 않은 채 무작정 골목길을 뛰어다녔다. 만물 행상인 아버지나 묵 장사를 하는 어머니와 혹시 마주치지 않을까 하는 기대에 부풀어 시내 골목골목을 누비며 신이 나서 달렸다. 문득 큰아버지에게 들키면 어쩌나 하는 두려움이 몰려올 때도 있었다. 큰아버지 몰래 사직동에 간 사실이 알려지면 큰일이었다. 그럴 때면 해경은 더욱 힘차게 내달렸다.

국어 시간에도 해경은 멍하니 창밖의 열구름을 바라보며 혼자만의 생각에 잠겼다. 그가 무슨 생각에 그토록 골몰하는지는 아무도 알 수 없었다. 평소 하고 싶은 말만 하고 사교적이지 못해 친구들은 물론 담임 선생님까지 그의 마음을 쉽게 열어 보지 못했다.

"이번 미술 시간에는 최근 가장 인상에 남았던 것을 그리겠어요. 학교 오는 길에 본 담장 너머 장미도 좋고 전차를 그려도 좋아요. 아니면 늘 싸우지만 귀여운 동생의……."

선생님의 말이 떨어지기 무섭게 해경은 벌써 연필을 들고 무언가를 그려 가기 시작했다. 그림을 그릴 때만은 두 눈이 반짝였다. 무료하기만 한 시간을 참을 수 없어 창밖을 보던 때와는 전혀 달랐다.

해경은 이따금 아랫입술을 지그시 깨물고 미간에 힘을 주기도 하면서 그림 그리기에 열중했다. 선생님이 자기 등 뒤로 다가와 한참을 지켜보고 있는 것조차 알지 못했다.

"오……!"

해경의 그림을 내려다보던 선생님의 입에서 짧은 감탄사가 터졌다.

"이게 정말 네가 그린 거니? 그림에 소질이 있다는 건 알고 있었지만……."

선생님은 눈으로 보면서도 믿을 수 없다는 듯 말했다.

"예."

해경은 뒤를 돌아볼 듯하다가 이내 다시 그림으로 시선을 돌리며 대답했다. 해경이 그린 그림은 그 당시 판매되던 담배 '칼표'의 도안이었다. 마치 사진으로 찍은 듯 너무도 똑같았다.

고개를 끄덕이던 선생님이 순간 표정을 찡그리며 말했다.

"그런데 담배라니…… 요즘 가장 인상에 남았던 것이 담배였니?"

그 말에 해경이 선생님에게 시선을 주며 대답했다.

"집에서 가장 자주 보는 게 이 담배거든요. 아버지, 아니 큰아버지께서 이 담배를 좋아하세요."

말을 마친 해경은 잠시 생각을 더듬는가 싶더니 이내 굳어졌다.

선생님은 해경의 그림을 높이 들어 올려 여러 친구에게 보여 주었다.

"김해경이 그린 그림인데 어때요. 정말 똑같지요?"

그러자 여기저기서 감탄을 하는 소리가 튀어나왔다.

수업이 모두 끝나고 교실을 나서려는데 같은 반 친구들이 해경을 불러 세웠다.

"허연 서양 귀신처럼 생겨 먹은 자식이 그런 재주가 있네."

"그러게. 횟배를 앓거나 얼굴에 회칠을 한 놈 같은데 말이야."

그중 코 밑에 거뭇거뭇 수염이 난 한 친구가 시비를 걸듯 말했다.

"선생한테 칭찬도 받고 기분 좋겠는걸! 하지만 우릴 깔보면 국물도 없다.”

해경은 그들의 말을 이해할 수 없어 멀뚱하게 바라만 보았다.

그중에서 덩치가 가장 큰 친구가 누런 이를 내보이며 으름장을
놓았다.

“진작 말했어야 하는데 사실 우리는 너보다 서너 살은 더 많은
형님들이야. 그러니 앞으로 형님으로 깍듯이 모시고 존대를 하라
고. 알았지?”

해경은 갑자기 두려움이 몰려와 온몸이 굳어 버린 듯했다. 해경
은 여덟 살이 되어 정상적으로 학교에 들어갔지만, 당시 입학 시기
를 놓쳐 적게는 한두 살에서 서너 살까지 차이가 나는 아이들이 적
지 않았다.

“아, 알았어요.”

해경이 겨우 입을 떼어 대답을 했다. 그때 누군가 뒤뚱거리며 다
가오는 것이 보였다.

“에이, 저 곱사등이 온다.”

“재수 없다. 우린 그만 가자.”

그를 본 다른 아이들이 인상을 찌푸리며 하나 둘 자리를 피했다.

해경에게서 덩치들을 물러나게 해 준 것은 유난히 작은 체구의
아이였다. 그가 온화한 얼굴로 해경에게 말을 건네 왔다.

“아까 미술 시간에 그린 칼표 담배 그림 말이야. 내가 생각해도

정말 기가 막혔어."

해경은 대답 대신 슬쩍 미소를 지었다.

"너 전부터 지켜봤는데 그림에 소질이 있더라. 나도 그림은 좀 그리는데……."

두 사람은 나란히 운동장을 가로질러 교문을 빠져나왔다.

"너 김해경이지? 근데 내 이름 아니?"

해경은 고개를 저었다.

"나 구본웅이다. 모두들 꼽추라고 놀리지만 아주 구수하게 생겨먹은 이름이 있지."

구본웅은 작은 어깨를 젖히며 크게 주억거렸다.

"나 역시 아까 그 친구들처럼 나이가 좀 있어. 너보다 네 살이 더 많지."

구본웅의 말에 해경이 화들짝 놀라 돌아보며 대답했다.

"……예."

구본웅이 크게 웃기 시작했다.

"하하하하, 아까 그 친구들 때문에 잔뜩 겁을 먹은 모양이구나. 걱정 마. 난 너한테 형 대접 받고 싶은 생각은 없으니까. 그리고 내가 왜 꼽추가 된지 아니?"

구본웅은 묻지도 않는데 자신의 아픈 과거를 해경에게 들려주었다.

구본웅은 평소 몸이 약해 잦은 병치레로 여러 번 휴학을 했었다. 그의 어머니는 구본웅을 낳고 몇 개월 후에 산후병으로 세상을 떠났다. 그때부터 구본웅은 동네 사람들에게 젖동냥을 받았는데 워낙 허약한 체질이라 모두 걱정이 많았다고 한다.

그러다 두 살 무렵 복실이라는 식모 등에 업혀 대청마루로 오르다가 사고를 당했는데 그것이 더 큰 불행의 시작이었다. 식모의 실수로 등에 업혀 있던 구본웅이 그만 댓돌 위로 떨어지고 말았던 것이다. 아픔을 울음으로만 표현할 수밖에 없었던 터라 어른들은 달래는 것 말고는 아무것도 할 수 없었다. 구본웅이 우는 이유를 식모가 사실대로 말하지 않았던 것이다.

그 후 1년이 지난 뒤에야 척추에 이상이 있다는 것을 발견하게 되었다. 치료를 서둘렀지만 손을 쓰기에는 이미 늦은 터라 구본웅은 그때부터 척추장애인으로 살 수밖에 없었다.

자신의 불행했던 과거를 들려주는 구본웅은 의외로 무덤덤한 얼굴이었다. 반면에 고개를 끄덕이고 눈살을 찌푸리는 등 해경은 자신의 일처럼 진지하게 받아들였다.

한동안 말없이 걷던 해경의 눈에 무언가가 들어왔다. 해경이 잰걸음으로 다가가 땅에 떨어진 그것을 주웠다. 목단(모란)이라고 부르는 십 끗짜리 화투장이었다.

해경은 할 일이 떠올랐다는 듯 말했다.

"난 이쪽으로 가야 하는데……. 형은 어디로 가죠?"

구본웅이 특유의 넉넉한 웃음을 만들더니 턱짓으로 다른 골목을 가리켰다.

"저쪽. 그리고 난 네 형이 아니야. 그냥 친구가 되고 싶을 뿐이라고. 알겠지?"

구본웅이 뒤뚱거리는 걸음으로 골목에서 사라질 때까지 해경은 그 자리에서 지켜보았다. 구본웅의 모습이 시야에서 사라지자 해경은 화투장을 주머니에 찔러 넣고는 집을 향해 달렸다.

집에 도착한 해경은 책가방을 던져 놓고 마루에 앉아 또 그림을 그리기 시작했다. 길에서 주워 온 화투장을 놓고 한창 그림에 몰두하고 있는데 해경의 시야에 희디흰 버선발 하나가 불쑥 들어왔다.

"학교에서 돌아왔으면 어른들께 인사부터 해야지 또 그림이냐?"

고개를 들어 보니 큰어머니였다. 그녀는 팔짱을 낀 채 날카로운 눈빛으로 해경을 노려보고 있었다. 큰아버지의 첫 번째 부인이 집을 나가는 바람에 재혼을 해서 들어온 두 번째 큰어머니였다.

"흥, 쟤는 갈수록 더 문제야. 지가 무슨 이 집 도련님이라도 되는 줄 아나 봐!"

어느새 나타났는지 문경이 자기 어머니와 같은 폼을 하며 구시렁거렸다. 문경은 해경과 같은 또래로, 큰어머니가 재가하면서 데리고 온 계집아이였다.

저녁 무렵 퇴근을 한 큰아버지가 대문을 열고 들어서자 문경이 기다렸다는 듯이 쪼르르 달려 나갔다. 그러고는 주인을 따르는 강아지처럼 큰아버지 팔에 매달려 고자질을 해 댔다.

"글쎄 해경이가 또 그림을 그린다고 마루 청소도 못하게 자리를 차지하고 앉아 비켜 주지도 않았대요."

문경은 또 거짓말을 하고 있었다. 문경이나 큰어머니 손에는 걸레 따위는 들려 있지 않았다. 마루 청소는 아침에만 하는 것으로 알고 있던 해경은 속으로 답답한 기분이었다.

"오호, 우리 해경이가 또 그림을 그렸다고! 그래, 이번에는 무엇을 그렸는지 한번 볼까?"

다른 식구들과는 달리 큰아버지는 해경에게 관대한 편이었다. 아니 누구보다 애정을 갖고 모든 면에서 도움을 아끼지 않는 그런 존재였다. 해경에 대한 큰아버지의 애정과 관심은 이미 오래전부터 있어 왔다. 그것이 해경이 세 살 때 친부모를 떠나 큰댁에 양자로 오게 된 이유 중 하나이기도 했다.

"오, 역시 예상대로야. 정말 신통하게 잘 그렸구나! 이왕이면 광이 있는 이십 끗짜리를 그리지 그랬느냐? 하하핫……."

큰아버지는 해경이 그린 그림을 높이 쳐들고는 큰소리로 떠들어 댔다. 하지만 큰어머니와 문경의 반응은 그 반대였다. 싸늘하게 식어 버린 큰어머니의 시선이 해경에게로 득달같이 날아들었다.

그것을 의식한 듯 큰아버지의 근엄한 목소리가 완충막처럼 이어졌다.

"임자도 생각날 게요. 해경이가 어렸을 때부터 얼마나 영특했는지 알지? 한글을 하루 만에 깨우치고, 일곱 살 땐가 홍역 때문에 열이 펄펄 나서 꼼짝을 못 했는데도 머리맡에 책을 두고 살았지 않소. 공부를 못하는 것이 억울해서 울기까지 한 아이라고."

큰어머니는 팔짱을 풀지 않은 채 휑하니 자리를 떠났다. 문경은 삐죽삐죽 입술을 잔뜩 내밀더니 한마디 내뱉었다.

"그런 똑똑이가 나중에는 노름꾼이 될 모양이죠. 그릴 게 없어 화투장이라니……."

큰아버지는 해경이 그린 그림을 들고는 집을 나섰다. 또 동네 사람들에게 자랑을 하기 위해서였다. 그런 큰아버지를 보는 해경은 기분이 나쁘지는 않았지만 가슴 한켠이 무거워지는 것은 어쩔 수 없었다.

'아버지와 어머니라면 어땠을까?'

해경은 자신을 낳아 준 부모를 떠올리고 있었다. 그러나 이내 생각을 접듯 세게 머리를 내저었다. 다시 돌아가고 싶은 마음은 없었다. 해경은 어린 나이지만 친부모가 자신을 버렸다는, 늘 가슴을 답답하게 하는 생각에 갇혀 있었다.

양자로 온 큰집이 완벽하다고는 생각하지 않았다. 큰아버지의 기대와 애정이 싫지는 않았지만 그 때문에 감당해야 하는 짐도 있었다. 재가해 온 큰어머니와 문경은 어렸을 때부터 늘 해경을 구박했다. 문경의 놀림에 남몰래 눈물을 훔치고 있으면 으레 큰어머니의 구박이 떨어졌다. 양자로 온 주제에 집안 기둥처럼 대접받는다고 해경을 멸시했다. 문경은 그럴 때마다 훌쩍이는 해경을 울보라며 더욱 놀려 댔다.

사실 해경은 대를 이을 장손이라고 큰아버지는 물론 할아버지에게까지 각별한 사랑을 받고 있었다. 그런데 그것마저 가끔은 벗어버리고 싶은 성가신 것으로 여겨졌다. 그 때문에 자신들의 자리가 위태롭다고 여긴 큰어머니와 문경이 불편한 속내를 드러냈기 때문이었다.

물론 큰아버지가 집 안에 있을 때는 결코 내색하지 않았다. 어쩌다 큰아버지가 외출하는 휴일이나 귀가가 늦는 날에는 해경은 두 사람의 화풀이를 고스란히 감당해야 했다.

"그 집 두부는 퍽퍽하고 군내가 너무 나더라. 큰길 건너 시장에 가서 다시 사 와라."

땡볕이 내리쬐는 한여름 날 땀으로 흠뻑 젖은 채 심부름을 갔다 오면 큰어머니는 온갖 이유를 들어 해경을 지치게 만들었다. 시장은 꽤나 멀었지만 손발이 꽁꽁 어는 한겨울에도 마찬가지였다. 문경도 예외는 아니어서 자신이 실수로 항아리를 깨고는 저녁 밥상 머리에서 해경에게 뒤집어씌우기 일쑤였다.

"해경이가 또 장독대 계단에 앉아 정신 놓고 있다가 그랬대요."

문경은 항아리를 깬 정황을 상세히 지어내는 일까지 잊지 않았다. 큰아버지의 미간이 움찔대는 것을 본 해경은 얼른 시선을 돌릴 수밖에 없었다. 언제부터인가 해경은 장독대 계단에 앉아 우두커니 한쪽을 바라보는 버릇이 있었다. 친부모가 살고 있는 사직동 쪽이라고 여긴 방향이었다.

부모에 대한 반감과 함께 해경을 늘 괴롭혔던 것은 쉽게 지워 버릴 수 없는 그리움이었다. 해경을 바라보고 있는 큰아버지에게는 달갑지 않은 일이었다. 그래서 해경은 장독대 이야기만 나오면 누명을 쓰는 일까지 감수하며 꿀 먹은 벙어리가 되어야만 했다.

그렇지 않아도 해경은 해명할 수가 없었다. 왜냐하면 나중에 큰어머니나 문경에게 더 감당하기 어려운 보복을 당하기 때문이었다.

언제부터인가 해경은 큰아버지가 출근하는 시각에 맞춰 집을 나서기 시작했다. 큰아버지가 없는 집 안에 잠시라도 홀로 남겨진다는 사실이 두려워서였다.

큰아버지와 나란히 집을 나선 해경은 늘 가장 먼저 학교에 등교하는 아이가 되었다. 교실에 혼자 앉아 있기 싫어서 운동장 구석에 자기만의 공간을 만들기 시작했다. 그곳에서 바닥에 그림을 그리면서 아이들이 오기만을 기다렸다. 어둡고 그늘진 그곳이 해경에

게는 놀이터였고 피신처였다.

사실 해경이 체육 시간에 수업도 받지 않고 운동장 구석에서 그린 것은 선생님이 아니라 어머니의 얼굴이었다. 자신을 버린 사람이지만 문득문득 파고드는 그리움은 어쩔 수가 없었다. 그럴 때면 해경은 자기도 모르게 어머니의 얼굴을, 그것도 가장 아름답게 그리고는 했다.

두려움과 외로움이 몰려오면 해경은 행여 부모가 자신을 다시 찾으러 오지 않을까 하는 생각을 품기도 했다. 당장이라도 대문이 열리면서 어머니가 환한 웃음을 지으며 들어설 것만 같았다. 그러나 아버지는 오지 않을 것이다. 어머니 역시 그런 생각을 하지 못하는 사람이었다. 해경은 부질없는 생각이라며 어린 나이답지 않은 쓴웃음을 짓고는 했다. 해경에게 부모는 무능력하고 볼품없는 존재였다.

그렇다면 큰아버지는 진정 훌륭한 존재일까. 나를 버린 부모를 대신할 만큼 완벽하고 존경해도 좋을 정도의 사람일까. 해경은 어렸을 때의 기억을 떠올렸다. 소변을 가리지 못할 때마다 큰아버지는 직접 나서서 씻기고 바지를 갈아입혀 주었다. 큰어머니는 팔짱을 낀 채 옆에서 인상을 쓰며 해경을 무섭게 노려보았다. 문경에게는 단 한 번도 그런 정성을 보인 적이 없던 큰아버지였다. 큰아버지에게 있어서 해경은 친자식 이상의 존재였고 자신의 분신이나 마찬가지였다.

하지만 큰아버지 몰래 사직동에 있는 부모와 동생들을 만나고 온 날에는 전혀 다른 모습이었다.

"네 이놈! 그렇게 가지 말라고 했는데 왜 그쪽을 기웃거리는 거야? 이거 참, 내가 너를 믿고 이렇게 정성을 다하는데 뭐가 부족해서 그 모양이야!"

귀가 아플 정도로 호통을 쳤으며 집안에 큰일이라도 난 것처럼 난리법석을 떨어 댔다. 그럴 때마다 해경은 자신을 누구보다 아낀다는 큰아버지를 이해하지 못했다. 왜 아끼고 사랑하는 사람이 원하는 것을 모두 들어주지 못하는지 알 수가 없었기 때문이었다.

"사직동에 가면 떡이 있니 흰 쌀밥이 나오니? 굶기를 밥 먹듯 하는 집구석을 들여다봐서 뭐가 좋다고 거길 가?"

큰어머니는 한술 더 떠서 해경의 마음을 아프게 했다. 사직동은 큰집과는 달리 끼니를 거를 정도로 가난했다.

해경이 사직동 집에 몰래 가는 이유는 단지 부모에 대한 그리움 때문만은 아니었다. 언제부터인가 그동안 태어난 동생들에 대한 생각이 머릿속을 가득 채웠다.

해경은 장독대 계단에 앉아 사직동을 바라보며 늘 그 생각에 잠기고는 했었다. 네 살이 된 남동생과 이제 백 일이 지난 여동생…….
동생들 생각만 하면 해경의 심정은 복잡해졌다. 그러다 자기 대신

어머니의 품을 독차지하고 있을, 자기 자리를 대신하여 부모의 귀여움을 받고 있을 동생들에 대한 분노가 생겨나기 시작했다.

해경의 질투심은 가끔 묘한 그리움으로 변하고는 했다. 질투의 대상이었던 동생들이 갑자기 보고 싶어지는 것이다. 그래서 해경은 몰래 사직동 집을 찾았고 동생들의 얼굴을 눈으로 직접 확인하고는 돌아왔다. 해경에게 동생들은 미움의 대상인 동시에 부모님과 마찬가지로 늘 그리운 존재였다. 그런 이중의 심리적 변화는 어린 해경이 감당하기에 결코 쉬운 일이 아니었다.

해경은 더욱더 혼란스럽고 답답한 시간들을 보내야만 했다.

이상, 그는 누구인가?

　스스로를 '박제가 되어 버린 천재'라고 일컬었던, 암울한 시기를 살다 간 시인이자 소설가, 이상.

　김해경이 본명인 그는 1910년 9월 23일 서울 종로구 사직동에서 태어났다. 본관은 강릉으로 아버지 김연창과 어머니 박세창 사이의 2남 1녀 중 장남이었다.

　김해경이라는 이름은 그의 할아버지인 김병복이 지었다. 그는 중인 계급으로 일찍부터 한학을 공부했고 가부장적인 성격으로 엄격했다. 증조부인 김학준은 고종(조선 제26대 왕) 때 관직 도정을 지낸 인물이었다. 도정은 정3품에 해당하는 당상관으로 종실과 왕의 친·외척에 관한 사무를 맡아보는 자리였다. 증조부는 비교적 부유

한 편이었지만 아들인 해경의 할아버지 김병복이 벼슬을 하지 못한 탓에 가세가 급격히 기울기 시작했다.

그래서인지 손자의 이름만큼은 '바다처럼 넓은 곳을 다스리는 큰 벼슬을 하라'는 뜻으로 '해경(海卿)'이라 지은 듯하다.

김병복은 슬하에 아들만 둘을 두었는데, 첫째가 김연필이고, 이상의 아버지인 김연창이 둘째이다. 큰아버지인 김연필은 기운 가문을 자수성가로 다시 일으킨 장본인이었다. 한때는 압록강 기슭 국경 지대에까지 가서 그곳의 보통학교와 기술학교에서 교사 생활을 한 적도 있었다. 한학에 대해 깊지는 않지만 어느 정도 지식이 있는 인물로, 총독부 상공과 관리였다.

김연필이 동생 김연창을 총독부의 궁내부 인쇄소에 취직시켜준 것은 이상이 세 살 되던 무렵이었다. 탄탄한 직장과 두터운 인맥으로 기반을 다진 김연필이었지만 한 가지 부족한 것이 있었다. 자신의 대를 이을 아들이 없다는 점이었다. 두 번째로 결혼한 김영숙에게는 딸인 문경뿐이었다.

할아버지 김병복은 하루가 멀다 하고 김연필에게 재촉을 했다. 결국 김연필은 동생을 설득해 이상을 통인동 본가로 데리고 와 양자로 삼게 된 것이다.

이상은 어렸을 때부터 희고 잘생긴 얼굴 덕에 동네 아주머니들의 귀여움을 받고 자랐다. 큰어머니는 그런 이상을 탐탁지 않게 생각했다. 이상이 양자로 들어오자 온통 관심이 그에게로만 쏠렸기 때문이었다. 더군다나 어린 이상은 큰어머니 품에만 안기면 이유 없이 울어 대기 시작했다. 또 큰아버지가 안으면 기겁을 하듯 양팔을 내저으며 발버둥을 쳤다. 큰아버지는 익숙해지면 달라질 거라면서 우는 이상을 더욱 세게 안고는 볼을 비벼 대고는 했다.

그 후 이상의 아버지는 인쇄소에서 손가락 세 개를 잃고 우여곡절 끝에 이발업을 시작했다. 하지만 아버지와 어머니 누구도 큰집에 있는 이상을 데려올 생각을 못했다. 아버지는 늘 당당하지 못한 얼굴(심하게 얽음)과 가난에 시달려 형인 김연필에게 의지하는 신세였다. 어머니 역시 얼굴이 얽은 사람이었다. 더군다나 친정과 고향도 모르는 고아 출신으로 어려운 집안을 위해 큰 힘을 보탤 수 있는 처지가 아니었다. 이름조차 모르는 어머니에게 혼인신고 할 때 큰아버지가 '세창'이라는 이름을 지어 줄 정도였다.

큰집의 양자가 된 이상은 시간이 지남에 따라 뚜렷하지는 않지만 부모를 애타게 부르며 심하게 울던 기억에 시달리게 되었다. 이상은 큰아버지의 품에 안겨 있었는데 그 후로는 아무런 기억이 나지 않았다. 울다가 지쳐 잠이 들었는지 기억은 거기에서 정지되었다. 단지 아버지와 어머니가 우는 자신을 바라보지도 않았다는 아픈 기억만이 각인처럼 남았다.

자신이 부모에게 버려졌다는 사실을 확실히 깨닫게 된 것은 여섯 살 무렵이었다. 문경의 입을 통해서였는데 아마도 자기 어머니한테서 들은 이야기를 그대로 이상의 귀에 옮겨 놓았으리라. 이상은 비로소 자신이 왜 그토록 심하게 울었는지 깨달을 수 있었다. 그때부터 이상은 마음속으로 부모에 대한 원망을 키울 수밖에 없었다.

자신을 버린 부모에 대한 상처는 그 후 이상의 삶과 문학의 전반에 걸쳐 크고 작은 모티프로 드러나게 된다. 특히 아버지에 대한 부분을 잘 드러내 주는 것이 이상이 스물다섯 살이던 1934년에 발표해 물의를 일으킨 시, 「오감도」이다.

시 제2호
나의아버지가나의곁에서졸적에나는나의아버지가되고또나는나의아버지의아버지가되고그런데도나의아버지는나의아버지대로나의아버지인데어쩌자고나는자꾸나의아버지의아버지의아버지의……아버지가되느냐나는왜나의아버지를껑충뛰어넘어야하는지나는왜드디어나와나의아버지와나의아버지의아버지와나의아버지의아버지의아버지노릇을한꺼번에하면서살아야하는것이냐.

「오감도」에서 보여 주는 아버지에 대한 저항 심리는 그다음 해에 쓴 수필 「슬픈 이야기」에서는 달라진다. 오히려 불효를 한탄하고 자신을 원망하는 한 평범한 자식의 모습으로 변한다.

우리 어머니도 우리 아버지도 다 얽으셨습니다. 그분들은 다 마음이 착하십니다. 우리 아버지는 손톱이 일곱밖에 없습니다. 궁내부 활판소에 다니실 적에 손가락 셋을 두 번에 잘리우셨습니다. 우리 어머니는 생일도 이름도 모르십니다. 맨 처음부터 친정이 없는 까닭입니다.

나는 그분들께 돈을 갖다 드린 일도 없고 엿을 사다 드린 일도 없고 또 한 번도 절을 해 본 일도 없습니다.

어머니는 내 대님과 허리띠를 접어 주셨습니다. 아버지는 내 모자와 양복저고리를 걸기 위한 못을 박으셨습니다. 동생도 다 자랐고 막내누이도 새악시 꼴이 단단히 박였습니다. 그렇건만 나는 돈을 벌 줄 모릅니다. 어떻게 하면 돈을 버나요, 못 법니다. 못 법니다.

이상과 거울

　큰집의 양자로 간 이상은 큰아버지의 기대와 애정을 한 몸에 받
았다. 이상은 그곳에서 스물네 살이 될 때까지 살았는데 큰아버지
는 그에게 손수 한문을 가르쳐 주고 각별한 사랑을 쏟으며 친아들
처럼 보살펴 주었다.

　이상이 여덟 살이 되던 해, 큰아버지의 손에 이끌려 간 곳이 누
상동에 있는 신명보통학교였다. 보통학교는 1906년 보통학교령에
의하여 설치된 초등교육기관이었다. 대한제국 마지막 시기 무렵
새로운 학제 제정에 따라 설치된 소학교를 변경한 것으로, 4년제이
며 여덟 살부터 열두 살까지의 남녀를 입학시켰다.

　그곳에 입학한 이상은 평소 조용한 성격에 혼자만의 생각에 잠

기는 시간이 더 즐거운 학생이었다. 국어나 체육보다 미술을 더 좋아하던 자기 고집이 뚜렷한 아이기도 했다.

그런 아이가 훗날 한국 근대 문학사가 낳은 뛰어난 시인이자 소설가로 성장한 것이다.

스스로 '박제가 되어 버린 천재'라 했던 그는 암울한 시대와 우울한 가족사 속에 끼어 신음처럼 혹은 각혈처럼 수많은 작품을 토해 냈다. 하지만 평탄치 않았던 자신의 처지나 생각에 지나치게 골몰했던 것과 난해한 시적인 기교로 대중과는 쉽게 친숙해질 수 없었다. 늘 세상보다 앞선 사고와 행동으로 때로는 무시당하고 손가락질을 받기도 했다. 하지만 암울했던 시기에 문학을 통해 인간의 고통의 근원을 발견하고자 했던 인물임에는 분명하다.

건강 악화와 계속되는 사업 실패로 그의 삶은 고난의 연속이었다. 인정해 주지 않는 문단의 냉대를 일축하며 죽는 그날까지 펜을 놓지 않았던 처절한 삶이기도 했다. 인연이 닿는 여인마다 평범하지 않은 사랑과 이별을 겪으며 그의 가슴에 지울 수 없는 상처를 남겼다. 그리고 늘 운명처럼 따라다니는 자살에 대한 충동과 공포에 시달려야 했다.

스물여덟 살(만 26년 7개월)이라는 짧은 생애로 요절한 그는 결코 행복한 삶을 누렸다고 할 수는 없다. 하지만 그의 문학에 대한 열정과 치열한 삶의 흔적들은 아직도 우리들 가슴에 '날개'처럼 남아 있다.

그가 남긴 처녀작인 「이상한 가역반응」부터 이상이란 필명으로 처음 발표한 「건축무한육면각체」, 「오감도」 등의 시와 수필 「산촌여정」, 「권태」 그리고 「날개」, 「지주회시」, 「봉별기」, 「종생기」 등의 소설은 파격적인 실험정신으로 한국 문학의 수준을 한 단계 올려놓았다.

해경이 신명보통학교 4학년을 마치자 큰아버지는 기다렸다는 듯이 다시 그의 손을 잡아끌었다.

큰아버지의 열성에 이끌려 조선불교 중앙교무원이 경영하는 동광학교(중학 과정)에 입학한 것은 1921년 4월이었다.

"넌 누가 뭐라고 해도 우리 집 장손이다."

그러나 학교 앞 만두집에 큰아버지와 마주 앉은 해경은 아무런 대답을 할 수 없었다.

"너도 알다시피 모두가 너에게 큰 기대를 걸고 있다. 어떤 일이 있어도 기대를 저버려서는 안 된다."

큰아버지는 엽차 한 모금으로 입술을 축이고는 말을 이었다. 해경은 앞에 놓인 김이 모락모락 나는 만두만 바라볼 뿐이었다.

"난 너를 위해 무엇이든지 아끼지 않을 생각이다."

큰아버지는 입버릇처럼 또 그 말을 잊지 않았다.

큰아버지는 할아버지가 세상을 떠나자 유산을 모두 독차지했다. 이따금 사직동에 쌀가마니를 보내기는 했지만 그 이상은 도와주지 않았고 인색했다. 하지만 이상에게만큼은 넉넉한 용돈으로 환심을 사려고 했고 그것으로 자신의 위치를 증명하려는 듯 보였다.

"너도 그만하면 잘 알아들었을 게다. 자, 어서 먹어라."

해경은 선뜻 만두에 손이 가지 않았다. 손가락 끝으로 눌러 주름을 만들어 놓은 만두를 보자 아버지 얼굴이 떠올랐다. 얼굴이 온통 얽고 손가락마저 세 개가 없는 무능한 아버지…… 그리고 천애 고아 출신으로 늘 그늘처럼 살고 있는 어머니…… 양자로 가는 자식을 잡지도 못한 껍데기뿐인 부모…….

그들만 생각하면 부초가 떠올랐다. 해경은 또다시 가슴이 답답해져 엽차를 단숨에 들이켰다.

해경은 동광학교 3년 동안 자신의 깊은 곳에 자리한 혼란과 싸워야 했다. 쉽게 낫지 않는 가슴앓이였다. 되새김질을 할수록 상처는 깊어지고 아픔만 더해 가는 시간이었다.

해경이 철이 들고 사춘기로 접어들면서 그 가슴앓이는 보다 절실하게 자신을 옥죄었다. 친부모가 자신을 버렸다는 생각……, 그리고 피붙이에 대한 애정이 아닌 가문을 위해서 최선을 다하는 듯한 큰아버지에 대한 회의……, 모두가 걸음을 무겁게 하고 머릿속을 뿌옇게 하는 걸림돌이었다.

그런 혼란 속에서 해경을 바로 세워 준 것은 그림이었다. 앞이 보이지 않고 머릿속이 텅 비는 듯하면 해경은 붓을 들었다. 그림만이 자신을 위로하고 쉽게 떨쳐 낼 수 없는 현실에서 그나마 도망치는 일이라 믿었다.

해경이 다니던 학교가 보성고등보통학교로 병합된 것은 3년 후인 1924년의 일이었다. 4학년에 편입학한 해경은 열다섯 살의 소년으로 자라 있었다. 어렸을 때와 마찬가지로 허여멀쑥한 얼굴에 아무도 예상할 수 없는 꿈을 꾸는 아이와 같은 눈빛은 달라지지 않았다.

해경이 보성고보를 다닐 무렵 스승은 「남으로 창을 내겠소」의 시인 김상용이었다. 한편 나중에 시인으로 활동하게 되는 임화와 '구인회'의 한 사람인 김환태가 재학 중이었다. 하지만 재학 시절 그들과 눈에 띌만한 교우 관계는 없었다.

해경에게 있어서 교우 관계보다 중요한 것은 자신을 세우는 일이 아니었을까. 그래서 해경은 그림을 통해 자신을 일깨우고 다그치는 일에 하루도 게을리하지 않았다. 그 결과 교내 미술전람회에 출품한 유화 〈풍경〉이 일등으로 입상하여 주목을 받게 되었다.

"축하한다. 그래, 그림은 계속할 생각이더냐?"

미술 교사 고희동이 해경의 어깨를 다독이며 축하해 주었다.

고희동은 1908년 한국 최초의 미술 유학생으로 일본 동경(도쿄) 미술학교에서 서양화를 공부한 서양화가였다. 그는 1918년 서화 협회를 창립하여 새로운 미술 운동을 전개했다. 또한 그는 협전을 18회나 개최한 장본인이기도 했다. 조선 후기의 화풍을 잇고 일본에서 서양화를 배워 한국 최초의 서양화가라는 명성을 얻었다. 1920년대 중반부터 다시 동양화로 전환하여 전통적인 남화 산수화법에 서양화의 색채·명암법을 가미한 감각적인 새로운 회화를 시도했다.

그런 고희동의 눈에도 해경은 남달리 비쳐졌다. 해경의 뛰어난 재주를 이미 간파했던 그는 평소 관심과 애정을 아끼지 않았다.

"예, 전 화가가 될 생각입니다."

해경의 눈빛이 예사롭지 않게 반짝였다.

상장과 꽃다발을 안고 집으로 돌아오자 역시 누구보다 반겨 준 것은 큰아버지였다.

"허허, 공부도 늘 일등만 하는 녀석이 그림 대회까지 휩쓸어 버렸구나! 장하다, 장해!"

큰아버지가 선물로 무엇을 받고 싶으냐고 물어왔지만 해경은 아무런 생각도 나지 않았다. 정말 갖고 싶은 것이 없었다. 모든 것이 충족해서가 아니었다. 거짓말처럼 아무것도 생각나지 않았다. 그것이 결코 자연스러운 것이 아니라는 생각이 들어 해경은 잠시 가슴이 얼얼했다.

"아버지, 저 옷 한 벌 해 주세요. 외출할 때도 항상 교복 치마만 입고 다니니까 창피해서 원……."

기다렸다는 듯이 문경이 콧소리까지 내며 큰아버지에게 매달렸다. 큰어머니도 한마디 거들고 나섰다.

"문경이도 한창 멋을 낼 나이잖아요. 해경이만 챙기지 말고 원피스로 한 벌 해 주시구려."

큰아버지는 쿵쿵 하는 헛기침을 내며 시선을 돌렸다. 사실 그 무렵부터 큰집의 가세가 차츰 기울기 시작했다. 할아버지에게 물려받은 유산의 대부분을 큰아버지가 탕진해 버렸기 때문이다. 무엇에 썼는지는 알 수 없었지만 그 일 때문에 큰어머니와 말다툼을 하는 일이 잦아졌다. 그래서 어쩌면 선물을 말했어도 큰아버지는 쉽게 들어줄 수 없었을 것이다.

큰집의 사정을 누구보다 잘 아는 해경은 점심 시간에 현미빵을 만들어 팔며 학비를 벌어야 했다. 운동화가 낡았지만 새로 살 엄두도 내지 못했다. 색이 바래고 해진 모자 역시 그대로 눌러쓴 채 학교를 다녔다. 워낙 외모에는 신경을 쓰지 않는 성격이라 창피해하거나 남의 시선을 의식하지는 않았다.

그렇지만 해경이 늘 주머니에 품고 다니는 것이 하나 있었다. 작은 손거울이었는데 한번은 선생님에게 발각된 적이 있었다. 그때

선생님은 이해할 수 없다는 듯 물었다.

"머리도 그렇고 옷을 입는 것도 그렇고, 되는대로 사는 녀석인 줄 알았는데 웬 거울이냐?"

평소 해경의 성격과 행동거지를 잘 알고 있는 선생님은 정말 알다가도 모르겠다는 표정이었다.

"각설이들이 동생 삼자고 해도 할 말이 없는 놈이, 그것도 사내자식이 이게 뭐냐고?"

선생님이 되묻자 해경이 손거울을 건네받으며 조용히 말했다.

"가끔 제 얼굴이 생각나서요. 그럴 때 보려고요."

"……."

해경의 말에 선생님은 더욱 고개를 갸웃거리며 이해할 수 없다는 표정을 지었다.

해경의 말을 선생님이 쉽게 이해할 리 없었다. 해경은 이따금 자신을 확인하는 버릇이 있었다. 손거울을 통해 아득한 과거 속에 머물고 있는 어린 자신을 보고는 했다.

이 같은 해경의 행동은 어쩌면 그때로 다시 돌아가고 싶은 마음에서 비롯된 것이었는지도 모른다. 그래서 지금 자신의 모습과는 다르게 성장했으면 하는 꿈을 꾸고 있었는지도. 한편 훗날 발표하게 되는 소설 「날개」에서 "거울이란 제 얼굴을 비칠 때만 실용품이다. 그 외의 경우에는 도무지 장난감인 것이다"라고 묘사하여 거울을 인식하는 자기만의 시선을 담아내기도 한다.

해경이 잃어버린 자신을 가슴에 가둔 채 하루하루를 이어 나가고 있었지만 큰아버지의 일방적인 애정과 집착은 변하지 않았다. 그럴수록 큰어머니의 불만은 더해만 갔다. 그런 날이면 해경은 불편한 심경을 견딜 수 없어 조용히 할머니와 함께 쓰는 자기 방으로 몸을 숨겨야 했다.

방문을 닫고 들어서는 해경의 뒷덜미를 잡아채듯 어김없이 큰어머니의 날이 선 목소리가 달려들고는 했다.

"아무리 저 애를 감싸고 돌면 뭐해요? 정식으로 이 집 장손도 아닌데!"

뒤를 이어 큰아버지의 근엄하지만 어딘가 애절함이 묻어 있는 목소리도 뒤따랐다.

"누가 뭐라 해도 해경이는 우리 집 장손이야. 내 아들이라고."

큰아버지의 목소리가 심하게 떨리고 있음을 해경도 눈치챌 수 있었다. 그것은 진정한 피붙이에 대한 애정이 아니기 때문이라고 해석했다. 피를 나눈 사람에게 맹목적으로 보일 수 있는 그것과는 거리가 멀었다.

무슨 이유에서인지, 왜 자신을 정식으로 큰아버지 호적에 올리지 않고 있는지도 생각했다.

'큰아버지는 늘 그런 식이었어. 아버지가 나를 버린 존재라면 큰

아버지는 사랑이 아닌 돈과 체면으로 날 묶어 두는 존재. 오직 대를 이을 상대로만 나를……'

해경은 아직도 정신적인 상처에 신음하고 있었다.

'나, 김해경은 정말 누구인가? 나는 누구란 말인가?'

해경은 마치 박제가 돼 버린 것처럼 그 자리에 붙박여 한동안 움직이지를 못했다.

이와 같은 그의 무의식의 상처는 훗날 1930년 『조선』에 연재했던 첫 장편소설 『12월 12일』의 주요 동기로도 작용한다. 이 소설에서 그는 자신의 내부에 존재하는 큰아버지와 친아버지에 대한 동일한 증오심을 은밀한 전개로 이끌어 간다.

또한 분열의 과정 속에 일상적 자아를 벗어나 순수 자아를 찾고자 했던 시가 1933년에 발표한 「거울」이다.

거울때문에나는거울속의나를만져보지를못하는구료마안

거울아니었던들내가어찌거울속의나를만나보기만이라도했겠소.

나는지금거울을안가졌소만거울속에는늘거울속의내가있소.

잘은모르지만외로된사업에골몰할게요.

거울속의나는참나와는반대요만

또꽤닮았소.

나는거울속의나를근심하고진찰할수없으니퍽섭섭하오.

이상의 가족사와 직업이었던 건축 그리고 사랑과 이별로 얼룩진 여인 등은 그의 작품에 적지 않은 모티프로 반영되고 있다.

가슴에 날개를 품다

다음 해인 보성고보 5학년 시절부터 해경은 자신을 다지는 일에 더욱 매달리기 시작했다.

가을이 무르익어 가던 1925년 10월 15일, 해경은 교문을 나서 중구 봉래동에 있는 경성역 쪽으로 걸음을 옮겼다. 보름 전에 준공을 끝낸 경성역이 문을 연 날이었다. 경성역을 눈으로 직접 보고 싶었다.

1900년에 문을 연 경성역은 1905년 남대문역으로 개칭되었다가 1922년부터 개축에 들어가 1925년 준공되어 원래의 이름을 되찾았다. 지금의 서울역이라는 명칭은 해방 이후인 1947년 11월 1일부터 불리게 되었다.

'총독부에서 194만 원이라는 거금을 들여 지었다고 하니 한번 보고 싶구나……'

경성역 앞에 도착한 해경은 웅장하면서도 안정적인 구조를 자랑하는 건축물을 넋을 놓은 채 한참 바라보았다. 당시 경성 역사는 일본의 동경 역사와 함께 동양 2대 건축물로 손꼽혔다. 외관은 일본의 오사카 시 중앙공화당을, 기능은 핀란드의 헬싱키 역과 흡사하게 설계했다.

붉은 벽돌과 화강석을 함께 쓴 프리클래식이라는 기법을 채택한 경성 역사는 지붕에 네오바로크식 돔을 얹어 웅장미를 더해 주고 있는 것이 특징이다. 중앙에는 지름이 무려 1.6미터에 달하는 대형 시계가 걸려 있다.

해경의 두 눈이 경직되는 듯했다가 일순 가느다랗게 변했다. 그러고는 파르르 떨리기 시작했다. 해경의 눈에는 단순히 인상 깊은 한 건축물만 자리하고 있지는 않았다. 순간 그의 가슴에 짧게 지어졌다가 이내 허물어지는 또 다른 구조물이 있었다.

가족…….

해경은 무겁게 걸음을 돌리면서 다시금 가슴에서 허물어지는 가족이라는 구조물에 대한 충격을 온몸으로 떠안았다.

'내 부모, 형제들과 다시 가족이라는 울타리를 지어 함께 모여 살 수는 없는 것일까? 난 이대로 큰아버지 밑에서 장손이라는 허울로

지내야 하는 것인가…….'

무거운 마음이었지만 해경은 자신을 곧추세울 수 있는 시간이었다고 다독였다. 아름다운 건축물을 이루는 수많은 선과 이음들 역시 미술적인 감각을 통해서 탄생된다는 생각이었다. 하루도 게을리하지 않고 있는 미술에 대한 열정, 그것이 자신의 미래를 열어 줄 길이라 믿었다. 또한 가족이라는 건물을 완성할 수 있는 발판이라는 생각도 품었다.

1926년 3월 5일 보성고보 5학년을 졸업한 해경은 4월 종로구 동숭동에 있는 경성고등공업학교(서울대학교 공과대학 전신) 건축과 1학년에 입학했다. 건축과 합격자는 총 열두 명이었는데 한국 학생은 해경을 포함해 두 명이었다. 그러나 그 한국 학생은 2학년 진급 때 낙제를 해서 해경만 남게 된다.

그곳에 입학한 것은 오로지 큰아버지의 소망 때문이었다. 물론 해경 역시 평소 건축에 관심이 있기는 했지만 전공이나 직업으로까지 삼고 싶지는 않았었다.

"해경아, 너는 건축과를 나와야 한다. 나도 병들고 네 아비도 늙고 가난하지 않느냐?"

입학하기 얼마 전 큰아버지는 해경을 불러 놓고 그런 속마음을 털어놓았다.

"네 아비와 식구들이 사는 집에는 아직도 식량이 떨어질 때가 많은 모양이더라."

그 말에 해경은 자기도 모르게 고개를 돌렸다.

"세상이 아무리 바뀌어도 기술자는 배는 곯지 않는단다. 그러니 가난한 화가보다는 백번 낫다."

큰아버지의 기대와 권유에 떠밀려 들어간 공업학교지만 해경에게 변화된 것은 아무것도 없었다. 오히려 미술에 대한 집착이 더욱 깊어졌다.

공업학교 시절의 경험은 시간이 흐른 뒤에 서서히 드러나기 시작한다. 그가 「오감도」, 「삼차각설계도」, 「건축무한육면각체」 등과 같이 건축과 관련된 표제어를 자주 쓰게 된 것이 그 좋은 예이다. 또한 아라비아 숫자와 기하학 기호 등을 시어로 사용하고, 수식보다는 난해한 시들을 쓰게 된 것도 그 영향일 수 있다.

수업이 끝난 해경은 곧장 집으로 가지 않고 미술실에 남아 그림을 그렸다. 건축과에서는 일주일에 네 시간씩 미술을 가르쳤다. 당시 미술을 할 수 있는 곳은 그 학교뿐이었다. 해경은 수업과는 별도로 혼자 그림에 매달렸다.

어느 날에는 밤이 깊은 줄 모르고 혼자 미술실에 있다가 도둑으로 오해를 받기도 했다. 또 촛불을 켜 놓고 그림을 그린다고 혼쭐이 나기도 했다.

큰아버지에게 해경이 밤늦도록 학교에서 그림을 그린다는 것이

못마땅한 일은 아니었다. 적어도 해경이 하고 싶은 일은 무엇이든지 지원해 주던 그였기에 마땅히 반대할 명분이 없었다. 건축과 미술의 연관성을 잘 알고 있는 그였기에 더더욱 그랬다.

하지만 그 정도가 지나쳐 하루 중 얼굴을 대하는 시간이 더욱 줄어들자 큰아버지도 조금은 걱정이 된 모양이었다. 또한 평소에 기술자만이 대접을 받는다고 주장하던 큰아버지에게는 약간의 위기감 같은 것이 생겼을 수도 있었다.

"그림은 꼭 학교에서 그려야만 하느냐? 내일부터는 일찍 집에 와서 하렴."

밤늦게 돌아오는 해경을 기다렸던 큰아버지가 어렵게 입을 떼었다.

"학교 미술실이 편해서요."

해경의 말에 순간 큰아버지의 표정이 굳어졌다. 해경도 자신의 속마음을 너무 적나라하게 드러낸 것이 아닐까 하는 생각이 들었다. 결국 큰아버지의 집은 마음이 편하지 않다는 말이 아닌가.

"걱정하는 사람도 생각해야지. 집이 뭐가 부족해서 춥고 어둠침침한……."

큰아버지는 더 이상 말을 잇지 못하고 방으로 들어가 버렸다.

미술에 더 집착하게 된 이유를 큰아버지도 알아차린 것일까. 해경은 속으로 차라리 그랬으면 좋겠다는 바람을 품었다. 장손이 아니면서 그 의무를 짊어져야만 하는 답답한 가족사에 끼어 고통스러워하는 자신을 알아주었으면 했다. 해경은 가문이라는 울타리를 부정하는 것은 아니었다. 다만 정상적이지 못한 역할을 맡음으로써 감당해야 하는 의무감으로부터 탈출하고 싶었을 뿐이다.

문벌과 가계의 중요성만을 내세우는 큰아버지의 억압 때문에 해경은 조상에 대한 증오까지 남몰래 품게 되었다. 해경이 밤늦도록 귀가를 망설이는 이유 가운데는 월례 행사처럼 돌아오는 제사도 한몫했다. 그런 집안에서 조금이라도 해방되는 것이, 자기만의 시간을 갖는 것이 하나의 돌파구이자 피신처라고 여겼다.

해경이 집안일을 제외한 나머지 일에 유독 몰두했던 것도 그런 이유에서였다. 해경은 학교 문예 회람지인 『난파선』의 편집일을 주도했다. 직접 표지를 그리고 목차도 꾸미며 삽화와 시를 발표하기도 했다. 그림 말고도 해경은 머릿속에 가둬 두었던 생각들을 시나 산문으로 적어 두는 버릇도 있었다.

학업 역시 게을리하지 않았다. 해경의 성적은 졸업할 때까지 늘 상위권이었다. 전교 일등을 한 적도 있었는데 한국 학생이었기에 당연히 돋보이는 존재였다. 그리고 그의 유창한 일본어 실력은 좋은 성적을 유지하는 데 큰 도움이 되었다. 해경이 일본말을 하는 것을 듣고 있으면 정말 일본 사람으로 착각할 정도라고들 했다.

해경의 유창한 일본어 실력을 두고 오해의 시선이 있을 수도 있다. 하지만 그 당시 해경에게 있어서 몰두할 수 있는 대상이란 일본

어뿐만 아니라 그 어느 것이라도 절실했을 것이다. 큰아버지의 울타리를 벗어나는 일이라면 그 어떤 일이라도 마다하지 않았을 것이며 더욱 몰입할 수밖에 없지 않았을까. 또한 언어 습득 능력이 타고났다는 것을 감안한다면 부정적인 시각으로만 바라볼 일이 아닌 듯싶다.

그림에 대한 열정은 두말할 필요가 없었다. 〈자화상〉이라는 그림이 선전에 입선되어 화가의 꿈을 잃지 않았음을 증명했다.

1928년 3학년이 된 해경은 어느 날, 인근 건축 현장으로 현장 실습을 나가게 되었다. 졸업을 앞두고 실전 경험을 쌓는다는 취지였다. 학교에서 배운 이론을 바탕으로 한 실전이라 해경도 기대되었다.

공사장에서 일하는 인부들 가운데는 일본인도 상당수 섞여 있었다. 그들은 학생들을 만만하게 보고는 함부로 대했다. 경험이 없는 학생들을 자상하게 가르쳐 주고 길잡이를 해 주기보다는 무조건 다그치는 게 일상이었다. 전체적인 맥락만 대충 짚어 주고는 얼마나 잘하는지 뒤에서 킬

킬대며 지켜볼 뿐이었다.

　그중에서도 유일한 한국 학생인 해경에게는 더 심했다.

　점심 시간이 되자 그들의 멸시는 더 노골적으로 변했다. 점심으로 싸 온 장아찌뿐인 도시락을 보자 인상을 쓰고 코를 쥐는 등……사회 경험이 없는 해경을 주눅 들게 하기에 충분했다.

　해경은 같은 과 일본인 학생들과도 조금 떨어진 곳에 혼자 앉아 도시락을 먹고 있었다.

　"리상! 리상!"

　그때 웬 일본인 인부의 목소리가 들렸다. '리상'이라고 하면 일본인들의 표현으로 '이씨'를 호칭하는 거였다. 해경은 귀넘어듣고는 밥 먹는 데만 열중이었다.

　"리상!"

　다시 일본인 인부의 더 높

아진 목소리가 터졌다. 뒤를 돌아보니 한 일본인이 주전자를 높이 쳐들고는 흔들면서 해경을 부르고 있었다. 먹을 물을 떠 오라는 뜻인 것 같은데 호칭이 애매했다.

당시 일본인들이 한국 사람이라면 으레 김가 아니면 이가라고 여겼던 탓이었다. 한국 사람들의 성씨 가운데 가장 흔한 것이니 이해는 되었다. 아마도 그 일본인은 해경이 그중에서도 이가라고 생각되었거나 그냥 무심코 한국 사람을 향한 호칭의 하나라고 여긴 모양이었다.

'이상?'

순간 해경의 머릿속을 짧게 스치는 것이 있었다.

'후, 그거 듣기 나쁘지 않은데…… 이상이라…… 새로운 이름으로 한번 삼아 볼까?'

해경은 도시락을 바닥에 내려놓고는 무언가에 홀린 사람처럼 앉아 있었다.

'이름을 바꾸면 내 과거에서 그리고 내 가족사에서 벗어날 수도……'

해경의 입가에 묘한 미소가 번지기 시작했다. 자신의 원래 이름인 김해경을 '이상'으로 바꾸는 것은 곧 아버지의 이름에서 탈출하는 것이라고 판단했다. 해경은 순간 자리에서 벌떡 일어섰다.

'그래, 난 지금부터 이상이다. 나 혼자 새롭게 날아 보는 거야!'

2장
세상 밖에서 세상을 보다

또 다른 열정의 꽃이여!

집을 나선 이상은 경복궁에 있는 조선총독부로 향했다.

그의 걸음은 옆을 빠르게 스치는 다른 출근 인파들과는 전혀 달랐다. 서두를 것이 전혀 없다는 듯 느긋하고 여유로운 걸음에 까칠한 몸이 실려 있었다.

1929년 경성고등공업학교를 졸업한 이상은 그해 조선총독부 내무국 건축과 기수(가장 하급 관리로, 판임관이라고도 함)로 근무하게 되었다. 그는 서대문구 의주통에 있는 전매청 건물 신축 공사장에서 배선 일을 했다. 그리고 다른 몇 군데의 설계를 입안하고 현장 감독을 맡기도 했다.

3일 만에 출근하는 길이었다.

이상은 총독부의 유능한 건축 기수로 자리를 잡고 있었지만 이따금 돌출 행동을 하고는 했다. 직장 생활에 익숙해진 탓일까. 아니면 일본인들 틈에 끼어 직장 생활을 하는 자신에게 찾아온 회의 탓일까. 그는 권태로움에 시달려 망연자실한 표정으로 어릴 적 버릇처럼 창밖을 보거나 줄담배를 피우며 멍하니 앉아 있을 때가 많았다.

　　"이 서류들을 내일까지 파악하고 잘못된 것을 정리하게."

　　그럴 때마다 일본인 건축과장은 곱지 않은 시선으로 이상에게 일거리를 떠안겼다. 그는 이상의 큰아버지와 친분이 두터운 사람이었지만 직장의 분위기 때문에 어쩔 도리가 없었다. 혼자서 감당하기에는 벅찬 분량이었지만 이상은 일단 일을 맡으면 누구보다 완벽하고 깔끔하게 처리했다.

　　이상의 능력은 모두가 인정할 만한 것이었다. 일본 학생들을 제치고 경성고등공업학교를 수석으로 졸업한 그를 얕잡아 볼 사람은 없었다.

　　이상의 능력은 건축과에서 함께 일하는 일본인들 사이에서 시기와 부러움의 대상이 되었다. 하지만 일 처리 능력을 더욱 인정하게 된 건축과장의 호의로 이상은 직장 생활을 원만히 이어 나갈 수 있었다. 며칠씩 무단결근을 해도 큰 문제가 되지 않고 넘어갈 수 있었던 것도 건축과장이 묵과해 준 덕분이었다.

　　하지만 얼마 후 건축과장이 바뀌었는데 그 후임과는 모든 일에서 충돌을 겪어야 했다. 처음부터 이상을 탐탁지 않게 여긴 후임 과장은 사사건건 트집을 잡았다. 누가 봐도 완벽할 정도로 잘 작성한 서류라 할지라도 한 번에 결재하는 법이 없었다.

"유능한 사람이라고 들었는데 이제 보니 형편없군. 다시 해 와!"

건축과장은 사람들이 보는 앞에서 노골적으로 이상을 무시했다. 처음에는 한국 사람의 능력을 원래부터 깎아내리려는 일본인들의 심리라고 일축했다. 하지만 날이 갈수록 횡포는 더 심해졌다. 더 큰 문제는 그것이 알게 모르게 건축과 전체의 분위기가 되었다는 것이다. 모두들 이상을 다른 시각으로 보기 시작했다. 집단이 조성해 놓은 기류는 생각보다 단단하고 쉽게 허물어뜨릴 수 없는 철벽과도 같았다.

이상은 더 이상 건축과에 있을 수가 없었다. 결국 11월에 관방회계과 영선계로 옮겨야만 했다.

퇴근을 한 이상은 단 한 번도 집으로 곧장 간 적이 없었다. 그날도 겨울 문턱을 얼리고 있는 찬바람을 맞으며 거리를 쏘다녔다. 허여멀건 얼굴색에 며칠씩 깎지 않은 수염 그리고 빗지 않은 머리를 한 이상은 낡은 외투의 옷깃을 올리며 걸었다.

집에 가면 병석에 있는 큰아버지의 아직도 식지 않은 기대의 눈빛과 마주칠 뿐이었다. 몸은 쇠약해졌지만 강한 심지처럼 이상에 대한 기대만은 변함이 없었다. 이해한다고 하면서도 막상 마주치면 자기도 모르게 반감만 솟구치게 하는 눈빛이었다.

경복궁 동쪽 길을 따라 걷던 이상의 발길이 닿은 곳은 중학천 변에 늘어선 목로주점이었다. 그곳에서 이상은 이따금 그랬듯이 밤 늦도록 술을 마실 생각이었다. 그리고 취한 정신으로 종로 뒷골목을 바람처럼 떠돌아다니다가 청진동에서 해장국 한 그릇으로 또 하루를 마감하리라. 이상이 해장국을 먹는 시간에 대부분의 사람들은 하루의 시작을 준비하고 있었다. 하지만 이상은 그 시간이 자신의 하루를 접는 때라고 생각했다.

그에게 있어 어둠은 자기만의 놀이터였다. 어둠은 이상이 어느 때보다 평안하고 안정감을 누릴 수 있는 공간이었다.

그의 작품 속에서도 '어둠'은 배경으로 자주 등장한다.

밤은 이미 깊었고 우리 이야기는 이게 이 생(生)에서의 영이별이라는 결론으로 밀려갔다.「봉별기」

밤이사나운꾸지람으로나를졸른다. 나는우리집내문패앞에서여간 성가신게아니다. 나는밤속에들어서서제웅(짚으로 만든 사람의 물건)처럼자꾸만멸해간다.「가정」

밤의 슬픈 공기를 원고지 위에 깔고 창백한 동무에게 편지를 쓰니다. 그 속에는 자신의 부고(訃告)도 동봉하여 있습니다.「산촌여정」

　다시는 날이 새지 않는 것 같기도 한 밤 저쪽에 또 내일이라는 놈이 한 개 버티고 서 있다.「권태」

　밤 소란한 정적 속에서 미래에 실린 기억이 종이처럼 뒤엎어진다. 「각혈의 아침」

　어둠은 그의 사고나 생활과도 밀접한 관계가 있다. 자신의 우울했던 유년기와 답답한 시대를 반영하는 표현이기 때문이다.

　"어차피 세상은 거꾸로 가고 있잖아. 세상도 나도 전혀 앞으로 가고 있지가 않다고."

　이상은 한잔 술과 함께 그렇게 자신의 심정을 토해 내고는 했다. 식민지 치하를 살아가는 젊은이로서 할 수 있는 일이 많지 않다는 자각은 차라리 치욕이었다.

　옆 자리에서 웬 젊은 청년들이 수군대는 모습이 보였다. 가만히 귀를 기울이니 얼마 전 전라남도 광주에서 벌어졌던 학생 운동이 안주 대신 그들 입 사이를 오가고 있었다. 사실 그 때문에 세상이 더욱 뒤숭숭한 분위기라는 것을 이상도 잘 알고 있었다.

　11월 3일에 벌어진 '광주 학생 항일 운동'이 그것이었다. 식민지 교육을 버리고 한국인을 위한 교육을 실천하라는 학생들의 요구가 강했다. 그러나 학교 당국 등에서는 요지부동이었다. 오히려 학생들을 정학과 퇴학, 심지어 체포와 구속으로 막았다. 그런 살벌한 분위기 속에서 결국 봇물 터지듯 벌어진 일이었다.

이상은 그들처럼 민족적인 자각이 있어 신음한 것은 아니었다. 오히려 그는 현대적인 문명과 사상 그리고 예술에 심취해 있는 모더니스트(현대적 경향을 좇는 사람)였다. 그의 작품에서도 엿볼 수 있는 부분으로, 한국 고유의 색채는 거의 찾아볼 수가 없다. 반면 유럽이나 일본 문학계에 유행처럼 번지던 모더니즘(도회적 감각과 현대화의 추구)의 영향을 짙게 받고 있었다.

그런 그가 고민하는 이유는 세상과 쉽게 화합할 수 없는 자신에 대한 울분이었다. 우울한 가족사와 아직도 자신을 조율하고 있는 듯한 큰아버지에 대한 반감, 그리고 직장에서의 불협화음들이 빚어낸 엄청난 무게의 짐이었다. 그것이 이따금 좌절과 자살이라는 충동으로까지 등을 떠밀어 때로는 고통과 두려움에 빠지게 했다.

쉽게 생각하면 지극히 개인적인 고통에 신음한 것이라고 볼 수도 있다. 하지만 그렇다고 이상이 개인적 문제에만 빠져 허덕이는 나약한 존재라고 규정지을 수는 없을 것이다. 왜냐하면 적어도 그 시대적 고통이란 개인적이든 전체적이든 모두가 하나의 막힘에서부터 발생되었기 때문이다. 결국 이상의 개인적 신음 역시 시대적인 답답함에서 출발했고 모든 사람들이 떠안고 있는 무게의 하나로 해석되어야 한다.

이상은 큰집에서 독립할 생각도 품었다. 자살에 대한 충동과 두려움이 동시에 몰려올 때면 차라리 그 모든 사슬에서 탈출하고 싶었다. 하지만 항상 생각만 할 뿐 실천하지 못했다. 용기가 없었는지도 모른다. 사회적 경험도, 그렇다고 경제적인 여유도 충분한 편이 아니었다. 오히려 섣부른 독립이 더 큰 불행을 가져올지 모른다는 막연한 두려움이 자물쇠처럼 가슴을 닫아 버렸다.

언제나 마음으로는 간절히 원하지만 어느 쪽으로도 행동에 옮기지 못하고 있는 자신이 원망스러웠다.

'차라리…… 정말 세상의 시간이 거꾸로 간다면…….'

이상은 순간 엉뚱한 공상에 빠졌다. 시간을 되돌릴 수만 있다면 지금의 자신과는 다른 모습으로 살고 있지 않을까. 차라리 그랬으면 하는 것이 그의 심정이었다. 이런 심리는 1931년에 발표한 「삼차각설계도」 중 '선에 관한 각서 1'에 잘 드러나 있기도 하다.

이 시에서 이상은 광선보다 더 빠른 그 무엇을 누군가 발명한다는 것을 전제로 자신의 심정을 드러내고 있다. 그럴 수만 있다면 그것을 이용해 거꾸로 시간을 거슬러 올라 '태고'의 역사도 볼 수 있지 않을까 염원한 것이다.

1929년이 저물기 전 이상은 다시 사람들에게 주목받을 만한 일을 벌이게 된다. 건축회지인『조선과 건축』의 표지 도안 현상 모집에 각 1등과 3등을 휩쓸어 버린 것이다.『조선과 건축』은 1922년부터 해방 직전까지 발행됐던 월간지로, 해마다 건축인을 대상으로 표지 디자인을 현상 공모했다. 1등으로 뽑힌 작품을 일 년간 잡지 표지로 사용했다.

2등은 히토스키라는 일본인이었는데 이상의 개성 넘치는 도안을 뛰어넘지 못했다. 이상은 독특한 글자 모양의 한문 제목과 숫자 1과 5를 이용한 기하학적인 도안을 만들었다. 당시에 이 작품은 "우아하고 아름다우며 흰색을 바탕으로 한 외형미가 돋보이는 기교 넘치는 작품"이라는 심사평을 받았다.

그러나 이상에게는 그다지 반갑지만은 않은 일이었다. 그동안 '상'이라는 것을 자주 받아 그 감흥이 무뎌졌기 때문만은 아니었다. 다시 죽음에 대한 절실한 공포가 그를 지배했기 때문이다. 여전히 해체된 모습으로 자신의 기억을 채우고 있는 가족……. 부모와 어린 동생들은 아직도 굶기를 밥 먹듯 했다. 조금도 형편이 나아질 기미가 보이지 않는 가족에 대한 절망과 회의에 몸서리쳤다.

큰아버지는 나름대로 그런 이상에게 중심을 심어 주려는 듯 한마디 했다.

"전에도 말했듯이 화가의 꿈은 이제 버려야 한다. 이제는 기술자가 대접을 받는 시대야. 그래서 내가 널 총독부에 취직시켜 준 게 아니더냐. 봐라, 네 부모와 동생들은 또 쌀이 떨어져 구걸하다시피 살고 있지 않느냐. 가난을 벗기 위해서라도 배부른 예술 타령은 집어치우고 열심히 일해 존경받는 기술자가 되어야 한다."

이상에게 있어서 그해 겨울은 유난히 추웠고 깊은 회의에 신음해야했고 그래서 혹독했다.

다음 해인 1930년 2월에 첫 장편소설인 『12월 12일』을 『조선』에 연재하기 시작한 것은 시련의 결과이기도 했다. 『12월 12일』이라는 작품 전반에 걸쳐 삶의 허무와 불안 그리고 죽음에 관한 인식이 드러나 있다.

이 작품에서는 모두 일곱 명의 죽음이 다뤄진다. 다른 대부분의 작품에서처럼 여기서도 이상의 자전적 성향이 묻어나고 있다.

나의 지난날은 말갛게 잊어 주어야 하겠다. 나조차도 그것을 잊으려 하는 것이니 자살은 몇 번이나 나를 찾아왔다. 그러나 나는 죽을 수 없었다.

(중략)

나는 지금 희망한다. 그것은 살겠다는 희망도 죽겠다는 희망도 아무것도 아니다. 다만 이 무서운 기록을 다 써서 마치기 전에는 나의 그 최후에 내가 차지할 행운은 찾아와 주지 말았으면 하는 것이다.

펜은 나의 최후의 칼이다.

허무와 불안 그리고 죽음은 대부분 어둠이라는 배경을 갖고 있기도 하다. 이상은 공간을 어둠으로 설정하여 그런 인식들을 더욱 절실하게 표현하고 있다.

한 가지 흥미로운 것은 작품의 제목이다.

월간지 『조선』은 조선총독부의 레이더와 같은 존재였다. 식민지 통치에 필요한 광범위한 정보 수집과 제공을 목적으로 우리말과 일본어로 발간하던 종합지이기 때문이다. 그곳에 이상은 9개월에 걸쳐 '12'라는 언뜻 욕설을 연상하게 하는 우리의 정서를 숫자로 교묘히 위장한 것이다.

소설 속의 12월 12일은 주인공이 돈벌이를 위해 일본으로 떠나는 날이다. 또한 얼마간의 돈을 모은 뒤 다시 귀국하는 날이기도 하다. 그리고 주인공의 죽음이 예정된 날이며 진정으로 살아야 할 날이라고 자각하는 시점이다. 그 모든 정황들을 '12'라는 오묘한 어감 속에 뭉뚱그려 상징화시켜 놓은 것이다.

이는 이상의 작품에서 발견될 수 있는 특징 가운데 하나이다. 그는 원래 숫자와 기호를 사용해 자신의 생각과 분노를 상징화하는 기법을 많이 활용했다. 수학에도 남다른 관심과 능력을 보였기 때문에 가능했다.

생각이 많아도 쉽게 말로 내뱉을 수 없었던 암울한 시기를 사는 한 청년의 또 다른 몸짓이었을 것이다. 일제 강점기라는 억압된 시대가 만들어 놓은 주눅 든 언어의 새로운 표현 양식이기도 했다.

감정과 사고를 기발한 방법으로 표출하던 이상은 어느 날 자신의 운명을 예감하는 또 하나의 상징을 토해 낸다.

각혈이었다.

평소 나른하고 쉽게 피곤을 느끼는 것을 잦은 술자리 때문이라고만 여겼었다. 간헐적으로 마른기침이 나오다 쉼 없이 이어지는 증세도 줄담배 탓이라고 흘려 넘겼다. 그런데 퇴근 준비를 하던 이상은 기침과 함께 실핏줄처럼 토해진 그것을 보았다. 기침을 막고자 가렸던 손바닥에 그려진 선명한 각혈.

병원을 찾아간 이상은 예상대로 폐결핵이라는 진단을 받았다. 사실 이상의 몸과 마음은 결핵균이 침투하기에 최적의 조건을 갖추고 있었다. 영양이나 건강 상태가 좋지 않아 면역력이 많이 떨어진 경우 찾아오는 게 결핵이 아니던가. 거기에 지나친 술과 담배 그리고 정신적 압박감까지 합세해 결핵균을 불러들인 결과였다.

건강이 나빠졌다는 것이 이상을 달라지게 하지는 못했다. 그는 마음에 들지 않는 세상에서 한 걸음 물러서 있으면서도 쉬지 않고 그 세상에 대해 손을 뻗었다. 마치 돋보기로 세상을 들여다보듯 그의 창작에 대한 열정은 식지 않았다.

구본웅과 다시 만나다

1931년 여름으로 접어든 무렵 이상은 시인으로서의 첫발을 내디뎠다. 7월에 처녀작인 「이상한 가역반응」이라는 시를 『조선과 건축』에 발표했다. 「이상한 가역반응」이라는 표제하에 「파편의 경치」, 「BOITEUX·BOITEUSE」, 「공복」 등 6편의 시를 발표한 것이다.

또한 8월에는 일문시인 「오감도」를, 10월에는 「삼차각설계도」를 잇달아 발표하기도 했다.

임의의반경의원(圓)(과거분사의 시세(時勢))

원내의일점과원외의일점을결부한직선

2종류의존재의시간적영향성
(우리들은이것에관하여무관심하다)

직선은원을살해하였는가
현미경
그밑에있어서는인공도자연과다름없이현상(現象)되었다.
(후략)

    띄어쓰기의 무시는 물론 낯선 시어들이 난무한 「이상한 가역반응」은 사람들에게 쉽게 다가가지 못했다. 건축이나 혹은 미술 관련 단어들이 나오고 난해한 성향이 짙어 대부분의 사람들은 고개를 내저을 뿐이었다.

    하지만 난해하기 짝이 없는 이상의 시를 누구보다 반갑게 생각한 사람이 있었다.

    이상은 늘 그랬던 것처럼 퇴근길에 주점에 들러 한잔 술로 하루를 지우고 있었다. 그때 한 무리의 사람들이 안으로 들어섰는데, 이상은 무심코 눈길을 주다가 그만 눈이 동그래졌다.

    "허, 이 사람…… 어릴 때하고 하나도 안 변했네. 혼자 노는 버릇

도 여전하고. 하하하…….”

먼저 아는 체하며 특유의 넉넉한 웃음을 던진 것은 바로 구본웅
이었다. 일행에게 양해를 구한 그가 이상과 마주 앉더니 호들갑스
럽게 떠들어 댔다.

“그렇지 않아도 한번 만나고 싶었네. 그동안 자네가 쓴 시들을
모두 봤는데 열정이 대단해. 그림에다 이젠 시까지 쓰니 부럽군.”

달라진 것이라고는 둥근 검은 테의 안경을 썼다는 것뿐이었다.
늘 기분 좋은 웃음을 만들어 내는 두툼한 입술과 사교적인 말과 행
동은 여전했다.

“어떻게 지냈어요?”

이상의 말에 구본웅이 눈살을 찌푸리더니 이내 웃었다.

“허허, 어렸을 때 내가 말하지 않았나. 난 형이 아니라 그냥 친구
가 되고 싶을 뿐이라고. 서로 말을 놓고 벗으로 지내는 것이 나한테
는 영광인걸.”

구본웅은 1929년에 일본대학 미술과를 졸업했다.

그 후 1934년 다이헤이요 미술학교 본과를 졸업한 후 주로 동경
에서 열린 이과전과 독립전 등 전위적인 전람회에 작품을 선보였
다. 귀국한 후에는 서화협회 전람회에 출품하기도 했다.

또한 이상이 세상을 떠난 뒤 1938년에는 미술지 『청색』을 발간
하고 정판사를 경영했다. 1952년 언론계에도 종사하게 되는 그의

작품은 야수파(원색적인 색채 표현을 주로 쓴 현대미술)의 표현주의적 영향을 받아 대담했다. 척추장애라는 외모 때문에 '한국의 로트레크(프랑스 화가)'라 불렸다. 작품으로는 〈정물〉, 〈친구의 초상〉, 〈여인〉 등이 있다.

하지만 이상과 다시 만난 1931년에는 아직 이름이 알려지지 않았을 때였다.

구본웅이 이상이 건넨 술잔을 단숨에 비우고는 말했다.

"신명보통학교를 졸업하고 난 경성제일고등보통학교(경기중·고의 전신)에 응시했었네. 후후후, 결과는 낙방이었지."

구본웅이 누군가를 향해 냉소를 던지듯 말했다.

"낙방? 구형도 공부를 썩 잘했던 것으로 아는데 낙방이라니……."

이상이 믿기 힘들다는 표정을 하자 구본웅이 약간 쓸쓸한 어조로 말을 이었다.

"물론 필기시험은 상위권에 들었지만 문제는 면접과 사정회의였네. 면접시험에서 한 선생이 이렇게 말하더군. 자기 학교는 몸과 마음은 물론 도덕적으로 모범이 되는 최고 영재들만 선발한다고. 그러면서 나를 버러지 취급하듯 아주 경멸하는 눈으로 보는 거였어. 작은 몸이지만 그 순간 펄쩍 뛰어서 놈의 면상을 냅다 갈겨 주고 싶었지."

구본웅은 아직도 분노를 느끼는지 살기 어린 표정을 지었다. 결국 구본웅은 사립학교인 경신고등보통학교에 입학했다.

경신고보는 미국인 선교사가 운영했는데 다른 학교들보다 분위기가 자유롭다고 소문이 났었다. 당시 교장인 쿤스(한국명 군병빈)는 장애인들에게 남다른 관심을 보였는데, 구본웅을 만날 때마다 칭찬과 격려를 아끼지 않았다.

"환경이 그래서였는지 난 졸업할 때까지 늘 일등만 했었지. 꽤 많은 문학책도 밤새도록 탐독했고 토요일에는 YMCA에 있는 고려화회(서양화 연구모임)에 나가 고희동 선생에게 서양화를 배우기도 했었네."

구본웅의 말에 이상이 들려던 술잔에서 손을 거두며 물었다.

"고희동 선생이라고 했나? 허, 그럼 우린 같은 스승 밑에서 그림 공부를 한 셈이로군. 묘한 인연이네."

"그런가? 어쨌든 듣기 싫은 소리는 아니네."

구본웅도 반색하며 이상의 술잔에 자기 잔을 힘껏 부딪쳤다.

구본웅이 조심스럽게 물어왔다.

"직장을 그만두고 본격적으로 그림에 매달릴 생각은 없는가? 자네 꿈이 원래 화가였잖은가?"

"마음대로 접었다 놨다 할 수 있는 게 어디 꿈인가? 꿈은 현재 진행형이지."

이상의 말에 구본웅이 알 듯 모를 듯한 얼굴을 하며 눈만 껌벅거렸다.

이상은 자신의 말대로 그 무엇도 포기한 것은 없었다. 어릴 적에 꾸던 꿈도, 청년기에 품었던 이상도 아직은 현재 진행형이었다. 다만 문득문득 음울한 땅거미처럼 몰려드는 죽음에 대한 막연한 공포에 긴장하고 있었다. 아직 이상은 현실 속에서 무엇을 해야 할지 확실히 갈피를 잡지 못했는지도 모른다. 세상을 등지고 삶의 반대편으로 서야 할지 더 현실적으로 살아야 할지 확신하지 못했다.

그가 할 수 있는 것은 예술에 대한 화수분처럼 솟아오르는 열정을 막지 않는 일밖에는 없었을 것이다. 세상의 무게가 더해질수록 그로 인해 내부에서 곰팡이처럼 피는 회의를 닦아내듯 그는 그림을 그렸고 시와 소설을 썼다. 더 심해진 기침과 각혈을 잊고자 하는 망각의 시간이기도 했다.

그러다가 죽어도 좋다는 게 이상의 생각이었다. 하지만 죽음을 떠올릴 때마다 거부할 수 없는 두려움에 전신을 떨었다. 이상의 의식을 지배하고 있는 죽음의 형식은 자살이었다. 불현듯 자살에 대한 충동이 밀려들 때면 이상하게도 마음이 편했다. 하지만 찰나의 안식에 불과했다. 곧 견딜 수 없는 두려움에 몸을 떨었다. 잔뜩 웅크린 채 아무것도 할 수 없는 무기력함에 빠져 있는 자신을 발견하고는 했다.

구본웅을 다시 만난 것은 이상이 선전에 출품했던 서양화 〈자화상〉이 입선한 날이었다. 어떻게 소식을 들었는지 구본웅이 자기만 한 꽃다발을 안고는 시상식장에 나타났다.

"이 사람, 잊을 만하면 세상에 이름을 내밀고 날 놀라게 하네. 하하하, 암튼 반갑고 축하하네!"

구본웅은 혼자가 아니었다. 단발머리의 웬 소녀와 함께였다. 소녀가 수줍게 고개를 숙이며 자신의 이름이 변동림이라고 밝혔다. 이상이 세상을 떠날 무렵 그의 아내가 되는 그녀는 그 당시 어린 티를 막 벗은 열여섯 살 소녀에 불과했다.

이상에게 있어 1931년은 기쁨과 슬픔이 교차되는 시기였다.

처음으로 시를 발표했으며 구본웅과도 반가운 재회를 했다. 아직 세상을 살아 낼 만한 여력이 자신에게 있음을 문학과 그림으로 확인받기도 했다. 하지만 큰아버지의 죽음은 쉽게 표현할 수 없는 감정을 빚어냈다.

한 사람의 죽음은 당연히 슬픔으로 다가오는 것이 순리였다. 하지만 큰아버지의 죽음은 이상에게 있어서 미묘했다. 허탈하고 슬프기는 하지만 소리 내어 울 만한 감정이 싹트지 않았다. 그렇다고 오래된 체증이 가시는 듯한 시원함도 없는 그저 그런 심경이었다.

어쨌거나 자신을 위해 애정을 보였던 장본인이 아니던가. 이상은 큰아버지의 영전 앞에 엎드려 속으로 중얼거렸다.

'큰아버지를 이해합니다. 하지만 누구를 위해 산다는 것은 죽는

것보다 두려운 일이었어요. 용서하세요. 그리고 부디 편히 잠드십시오.'

　다음 해인 1932년에도 이상은 『조선과 건축』지에서 현상 모집을 한 표지 도안에 제4석으로 당선되었다.
　또 비구라는 필명으로 「지도의 암실」이라는 시를 『조선』에 발표했다. 또한 7월에는 처음 이상이라는 이름으로 시 「건축무한육면각체」를 세상에 내놓았다.

　　사각형의내부에사각형의내부의사각형의내부의사각형의내부의사각형.
　　사각이난원운동의사각이난원운동의사각이난원.
　　비누가통과하는혈관의비눗내를투시하는사람.
　　지구를모형으로만들어진지구의를모형으로만들어진지구.
　　거세된양말(그여인의이름은워어즈였다).
　　빈혈면포(貧血綿麭),당신의얼굴빛깔도참새다리같습네다.
　　평행사변형대각선방향을추진하는막대한중량.
　　마르세유의봄을해람(解纜: 출범出帆)한코티(프랑스의 유명한 화장품 회사)의향수의맞이한동양의가을.
　　쾌청의공중에붕유(鵬遊: '붕새가 놀다'라는 뜻)하는Z백호(伯號: 제트기).

회충양약(蛔蟲良藥)이라고씌어져있다.

(중략)

파랑잉크가엎질러진각설탕이삼륜차에적하(積荷)된다.

명함을짓밟는군용장화.가구(街衢)를질구(疾驅: 질주)하는조화금련
(造花金蓮: 인공으로 만든 연꽃)

위에서내려오고밑에서올라가고위에서내려오고밑에서올라간사람
은밑에서올라가지아니한위에서내려오지아니한밑에서올라가지아니
한위에서내려오지아니한사람.

저여자의하반은저남자의상반에흡사하다(나는애련한해후에애련하는
나).

사각이난케이스가걷기시작이다(소름끼치는일이다).

라디에이터의근방에서승천하는굿바이.

바깥은우중(雨中).발광어류의군집이동.

일본에서 대학을 다니던 구본웅은 귀국할 때마다 이상을 찾았
다. 그날도 구본웅은 이상을 기다렸다가 퇴근하기 무섭게 잡아끌
었다.

"같이 밥 먹을 사람이 없어서 말이야. 허허허."

구본웅이 앞장을 선 곳은 꽤 비싸 보이는 양식집이었다.

"난 그냥 장국밥이면 족한데……."

자리에 앉으면서 이상은 불편한 속내를 내비쳤다.

"허허, 이 나라 문학과 예술을 이끌고 나갈 천재가 소박하기는. 오늘은 내 귀국 기념으로 자축하는 거니까 배부르게 먹어 달라고."

구본웅은 특유의 너스레를 떨더니 스테이크를 주문했다.

음식이 나올 때까지 구본웅은 그동안 일본 유학 생활에서 있었던 신변잡기적인 이야기들을 술술 늘어놓았다. 한국은 물론 일본 열도까지 떠들썩하게 만들었던 역사적인 두 사건을 언급할 때는 목소리를 잔뜩 낮추기도 했다. 1932년 1월 8일에 있었던 이봉창 의거와 4월 29일에 있었던 윤봉길 의거가 바로 그 사건이었다. 구본웅은 그런 영웅들이 있기에 아직은 살아서 숨 쉬는 게 부끄럽지 않다는 말도 덧붙였다.

"허나 난 부끄럽네."

이상의 말에 구본웅이 눈을 크게 떴다.

"내가 태어난 때가 바로 조선이 일본에게 넘어간 해가 아니던가. 난 출생부터가 일본에게 저당 잡힌 몸뚱아리라는 생각이 드네."

그 말에 구본웅이 무겁게 고개를 끄덕였다.

"허. 경술국치(일제의 침략으로 국권을 상실한 1910년)와 이상이라…… 거 이상한 인연이군."

쓴 입맛을 떨쳐 내듯 주위로 시선을 돌리던 구본웅의 얼굴이 굳어졌다. 바로 옆 테이블에서 정답게 둘러앉아 식사를 하는 한 가족을 본 뒤였다.

구본웅은 정색하며 스테이크를 먹는 데만 집중했다. 마치 질긴 가죽이라도 씹듯 구본웅은 입맛이 달아난 사람처럼 보였다.

식사가 다 끝날 때까지 구본웅은 한마디도 하지 않았다. 식사를 마친 구본웅이 설핏 미소를 보이더니 조금 무거운 어조로 말문을 열었다.

"자네 백부께서 돌아가셨다는 소식은 나중에서야 들었네. 참석하지 못해 미안한 마음도 있고……."

갑자기 구본웅이 무거운 한숨을 내쉬었다.

"왜 무슨 걱정이라도 있는가?"

이상이 조심스럽게 물었다. 구본웅이 동그란 안경을 한차례 치켜 올리며 말했다.

"요즘 문득 그런 생각이 들어서 말이야. 자네 백부의 죽음도 그렇고 우리 복잡한 가계도 그렇고……. 모두가 순리인 듯하면서도 왠지 깨부수고 되돌리고 싶다는 충동이 드네."

구본웅의 말에 이상은 먹먹했다. 이상이 생각났다는 듯이 물었다.

"참, 일전에 봤던 그 여학생 있지 않은가? 성이 변씨라고 그때 들었던 것 같은데 자네하고는 어떤 관계인가?"

그 말에 구본웅의 한숨이 더 깊어졌다.

"사실 자네만큼이나 우리 집도 복잡 미묘하지. 내가 네 살 때 계모로 들어온 사람의 성씨가 변가였네."

구본웅이 신명보통학교 시절 자신의 아픈 과거를 들려줄 때처럼 건조한 목소리로 설명하기 시작했다.

구본웅의 계모가 된 변동숙은 잠사학교(누에고치와 실을 뽑는 기술을 배우는 학교)를 갓 졸업한, 당시로는 엘리트 여성이었다. 하지만 그 무렵 그녀의 집안은 형편없이 기울어 있었다. 그래서 그녀는 어린 아들 하나가 있는 양반 출신의 부자에게로 시집을 간다는 것에 동의할 수밖에 없었다. 하지만 자기가 키워야 할 아들이 불구라는 사실은 몰랐기 때문에 구본웅을 처음 본 갓 스무 살을 넘긴 그녀는 매우 당황했다.

하지만 그녀에게는 강한 면이 있었다. 그녀는 미모도 뛰어났지만 성격이 괄괄하여 주변 사람들을 휘어잡는 저력이 있었다. 남편과 구본웅에 대한 정성도 예상과는 달리 지극했다.

그녀의 아버지 변국선은 늦은 나이에 첩을 두게 되었다. 본부인과의 사이에 낳은 것이 구본웅의 계모가 된 변동숙이고, 첩에게서 본 1남 2녀 중 장녀가 변동림인 것이다.

구본웅의 말을 듣고 난 이상은 둔탁한 것에 한 대 맞은 듯했다.

"허허……."

이상은 그저 허탈한 웃음만 흘렸다.

"거참 기묘한 관계일세."

이상의 말에 구본웅이 고개를 끄덕였다.

"전에 내가 말했던 YMCA에 있는 고려화회에 초청강사로 갔다가 우연히 알게 되었는데 나도 처음엔 무척 당황했네. 변동림이라는 이름이 낯설지가 않아 이것저것 물어보다가 알았지."

이상은 왠지 구본웅이 남 같지 않다는 생각마저 들었다.

"그날이 공교롭게도 자네가 선전에 입선한 날이어서 어쩌다 동행하게 된 걸세. 그나저나 고기를 먹었더니 시원한 맥주 생각이 나는군."

구본웅이 화제를 바꾸듯 막 맥주를 주문하려던 순간이었다.

쿡쿡쿡쿡…….

갑자기 터진 기침에 이상은 정신을 차릴 수가 없었다. 이상은 거의 몸부림을 치다시피 상체를 구부린 채로 기침을 해 댔다. 금방이라도 호흡이 끊어질듯 숨을 쉬기가 고통스러웠다. 구본웅이 깜짝 놀라며 이상의 어깨에 손을 얹었다.

"괜찮은가? 보기에는 가벼운 기침이 아닌 것 같은데……."

고개를 쳐든 이상의 입가에는 선혈이 묻어 있었다. 다시 각혈이었다. 외식을 즐기던 옆 자리의 가족들이 놀란 얼굴로 일제히 일어섰다. 그 모습을 본 다른 손님들도 잠시 후 상황을 깨닫고는 하나둘씩 자리를 피했다. 모두들 시체라도 목격한 사람들처럼 입과 코를 손으로 가린 채 기겁을 한 표정이었다.

식당 종업원이 부리나케 달려와 이상을 부축하려다 흡 하고 놀라며 뒤로 물러섰다. 구본웅의 도움으로 겨우 자리에 앉은 이상은 익사 직전에 건져 올려진 사람처럼 축 늘어져 있었다.

"안 되겠어. 당장 병원으로 가세."

구본웅의 말에 이상이 손사래를 쳤다.

큭큭큭큭…….

하지만 기침은 쉽게 멈출 것 같지가 않았다. 이상이 다시 손으로 입을 가린 채 상체를 숙였다. 이미 손님들이 모두 나가 버려 식당 안은 텅 빈 상태였다. 자리에 앉아 각혈을 하는 이상과 그 옆에 서서 안타깝게 바라보는 구본웅 그리고 당황한 표정으로 어쩔 줄 모르는 종업원만이 남았다.

얼마 후 기침을 겨우 진정시킨 이상이 숨넘어갈 듯한 목소리로 말했다.

"거, 걱정 말게. 여자들이 치르는 월례 행사 같은 거니까."

그러나 대수롭지 않게 넘어갈 만한 것이 아니었다.

각혈과 시 그리고 외로움

이상은 다음 해인 1933년 3월 무렵에는 더욱 심한 각혈을 해댔다.

결국 직장을 그만두고 나올 수밖에 없었다. 그 당시만 해도 폐결핵에 대한 사람들의 반응은 심각할 정도였다. 시도 때도 없이 기침과 각혈을 해대는 직장 동료를 곁에 두고 싶어 하는 사람은 아무도 없었다. 그 정도가 매우 심각해 일본인이 아니라 같은 한국 사람이었더라도 마찬가지였을 것이다.

실직자인 이상을 기다리고 있는 것 역시 아무것도 없었다.

불행하고도 고달픈 삶의 시작이었다. 하루하루 악화되는 병마와 연속되는 실패의 고리 그리고 쉽게 몰아낼 수 없는 가난만이 운명처럼 기다리고 있었다.

다른 한편으로는 억압된 직장 생활에서 탈출한 것만으로 이상은 행복했을지도 모른다. 일본인들 틈에서 버텨야 했던 직장 생활이 그다지 즐거운 일은 아니었기 때문이다.

이상은 국문으로 된 시「꽃나무」,「1933년 6월 1일」,「거울」등을 발표한다.

거울속에는소리가없소.
저렇게까지조용한세상은참없을것이오.

거울속에도내게귀가있소.
내말을못알아듣는딱한귀가두개나있소.

거울속의나는왼손잡이오.
내악수를받을줄모르는-악수를모르는왼손잡이오.

이상은 '거울'이라는 공간을 통해 현실이 아닌 다른 차원을 노래했다.

거울 속 세상은 고요한 내부이며, 거울 밖의 세상은 시끄럽고 감당하기 복잡한 공간이다. 닮아 있지만 거울 속의 모습은 거울 밖의 모습과 반대일 수밖에 없다. 또한 거울 속의 '나'는 거울 밖의 '나'를 관찰하고 어루만질 수 있다. 반대로 거울 밖의 '나'는 거울 속의 '나'를 파악할 수 없는 존재이다. 결국 혼란의 소용돌이에 노출된 현실적 자아의 모습이 드러나 있다. 서로 교류할 수 없는 존재를 통해 이상은 당시 자신의 현실적 모습을 드러낸 것으로 보여진다.

잠시 큰 길 위에서 방향을 잃어버린 사람처럼 이상은 정체된 자신을 어루만지고 있었다. 새로운 무언가를 찾아야만 했던 시기였다. 이상은 그동안 머릿속으로만 세웠다가 허물어뜨리곤 했던 한 건축물을 떠올렸다. 그것을 서둘러 완성하고 싶었다.

통인동 큰집과 유산 등을 정리한 이상은 효자동에 집을 얻었다. 부엌이 딸려 있는 방 두 칸짜리 초가였지만 감회는 남달랐다. 드디어 큰집에서 모셔온 할머니와 친부모 그리고 두 동생과 함께 살게 된 것이다. 큰어머니와 문경은 말없이 계동으로 이사를 갔다.

할머니는 그새 부쩍 늙어 언제 세상을 떠날지 모를 지경이었다. 몸이 불편해 거동도 제대로 못하는 아버지는 더욱 작아 보였다. 어머니 역시 가난의 흔적을 얼굴과 마음에 새겨 놓은 초췌한 모습이었다.

동생들의 모습에서도 가난이라는 풍파를 겪어 온 흔적을 읽어낼 수 있었다. 남동생 운경과 여동생 옥희를 보는 순간 자기도 모르게 눈시울이 뜨거워졌다.

하지만 이상은 애써 무거운 마음을 털어 냈다. 21년 만에 그리웠던 사람들과 함께 살 집을 장만함으로써 늘 가슴속에서만 염원하던 가족이라는 건물을 비로소 완성할 수 있었다.

가족이라는 건물을 지어 모두가 한곳에 모여 살게 된 것만으로 이상은 만족할 수 없었다. 이제 시작이라는 생각이었다. 하얀 캔버스 같은 시간에 새로운 미래의 그림을 그리고 싶었다. 그리고 그 속에서 마음껏 날고 싶었다.

하지만 하루아침에 직장을 그만둔 이상에게 날아드는 매일의 아침 해는 무료함과 권태를 확인시켜 주는 존재일 뿐이었다. 하는 일 없이 방 안에서만 뒹굴다가 생각난 듯이 방문을 박차고 나가는 것이 고작이었다.

이상은 외출할 때면 언제나 흰 구두를 잊지 않고 챙겨 신었다. 여름이고 겨울이고 오직 그 구두만이 그의 분신이 되었다. 그렇다고 외모에 신경을 쓰거나 남다른 감각을 발휘하는 등 취향이 달라진 것은 아니었다. 오히려 그 반대였다. 그에게는 흰 구두 한 켤레뿐이었다. 몸단장에는 더욱 무심했으며 눈에 띄는 대로 아무렇게나 걸치고 껴입는 것을 멋으로 알았다.

흰 구두만큼이나 즐기는 것이 강렬한 색상의 보헤미안 넥타이였다. 그것을 매고 낡고 상표가 드러나는 조끼나 외투를 겹겹이 걸치는 것으로 외출 준비는 끝이었다.

이상이 외출을 할 때는 보통 구본웅이거나 다른 술친구를 만나기 위해서였다. 병을 앓고 있는 그였지만 친구나 술 생각이 날 때면 만사를 제쳐 두고 밖으로 튀어나갔다. 그러다가 모든 것이 귀찮고 여겨지면 며칠씩 집에 틀어박혀 꼼짝도 하지 않았다. 집에 있는 날에는 주로 이불을 뒤집어쓴 채 깊은 생각을 하거나 원고지를 놓고 시와 소설을 썼다.

그런 날이면 간혹 구본웅이 집으로 찾아오기도 했다.

그날도 한참을 원고지와 실랑이를 하고 있었다. 방문이 열리면서 작은 체구의 구본웅이 씨익 싱거운 웃음을 앞세운

채 들어섰다.

"밖에 눈 오네."

그 말만을 불쑥 던진 구본웅은 자리에 앉지도 않고 이상의 반응을 살폈다. 함께 외출하자는 뜻이었다. 이상이 원고지 위에 펜을 툭 하고 던지고는 벌떡 일어섰다.

"그럼 어디, 바람난 똥개처럼 뛰어다녀 볼까나!"

벽에 걸린 외투를 얼른 걸친 이상이 먼저 밖으로 튀어나갔다.

평소 구본웅과 함께 나란히 걷다 보면 으레 이상이 앞서기 마련이었다. 그럴 때마다 이상은 뒤를 돌아보며 농담처럼 말하고는 했다.

"내가 천천히 걸어야 하나, 아니면 자네가 뛰어야 하나?"

그럴 때면 두어 걸음 뒤처져 있던 구본웅이 빙그레 웃었다.

그런데 그날은 정반대의 모습이었다. 오히려 구본웅이 서너 걸음 앞선 채 이상을 돌아보며 히죽히죽 웃기까지 했다.

이상이 눈짓으로 무슨 일이냐며 묻자 구본웅이 과장되게 손짓을 섞어가며 떠벌였다.

"난 지금 자네의 옷차림을 감상하고 있는 중일세. 동경에서도 그런 기발한 패션은 보지 못했거든. 파리에서도 놀랄 만한 패션쇼를 자네는 지금 경성 한복판에서 펼치고 있는 중이라고. 하하하……."

이상은 무슨 말인지 몰라 구본웅의 얼굴만 빤히 바라보았다. 그때 옆을 지나던 젊은 여자들이 이상을 힐끔힐끔 보면서 자기들끼리 수군거렸다. 그러더니 풋풋하며 입을 가리면서 웃는 게 아닌가. 그제야 이상은 자신의 옷차림을 확인했다.

단추를 잠그지 않은 외투 사이로 안에 껴입은 양복 윗도리 한쪽 팔이 마치 의수처럼 삐져나와 덜렁거리고 있었다. 양복과 외투를 한꺼번에 벗어 두는 버릇이 있었는데 입을 때 미처 한쪽 양복에 팔을 넣지 못한 실수였다. 까치집 머리에 수염마저 덥수룩하게 자라 더욱 기기묘묘한 형상이었다.

"허허, 내 덕에 좋은 구경했으니 관람료를 내시오!"

이상은 뒤를 돌아보며 여전히 바람 빠지는 풍선 소리를 내는 여자들을 향해 소리쳤다.

"자네 때문에 나까지 구경거리가 되는군. 어서 고쳐 입게."

구본웅이 인상을 찌푸리며 한마디 했지만 이상은 아랑곳하지 않았다.

"이것도 다 내 삶이네. 난 누가 내 삶에 이래라저래라 하는 게 싫거든."

이상은 자신의 외모에는 전혀 관심이 없었다. 특히 머리는 늘 수세미처럼 엉켜 있어 언제 빗질을 했는지 알 수조차 없었다. 빗질은 커녕 자리에 앉으면 머리를 일부러 헝클어뜨리는 괴팍한 버릇까지 있었다. 세상의 모든 정돈되고 획일화된 것들을 거부하는 듯한 행동이었다.

그나마 넉 달에 한 번 정도는 머리를 깎았는데 자기 발로 가는 일은 거의 없었다. 늘 곁에 있던 구본웅이나 다른 친구들이 억지로 등을 떠밀어야 겨우 이발소 문턱을 넘었다. 까칠까칠한 긴 수염과 헝클어진 머리 그리고 어딘가 부자연스러운 옷차림은 멀리서도 금방 이상임을 알아볼 수 있게 했다.

이상이 내리는 눈발을 손바닥으로 받으며 혼잣말처럼 뇌까렸다.

"요즘 머릿속이 지랄 같아서 살고 싶지가 않네."

"왜 그 수세미 같은 머리가 드디어 파업을 했나 보군. 제발 감겨 주고 빗질 좀 해 달라고 아우성인가?"

구본웅의 말에 이상이 젖은 손바닥을 외투에 스윽 문지르며 입을 열었다.

"얼마 전에 발표된 한글맞춤법통일안인가 뭔가 하는 거 말일세. 도통 나 이상을 발톱에 낀 때만도 생각 안 하고 제멋대로 만들었단 말씀이야."

또 무슨 궤변을 늘어놓는가 싶어 구본웅이 호기심 어린 눈으로 바라보았다. 이상이 구본웅에게 고개를 돌리며 말을 이었다.

"총론에 보면 말이야 첫째, 한글맞춤법은 표준말을 그 소리대로 적되 어법에 맞도록 함으로써 원칙을 삼는다. 둘째, 표준말은 대체로 현재 중류 사회에서 쓰는 경성말로 한다. 셋째, 문장의 각 단어는 띄어쓰되, 토는 그 윗말에 붙여 쓴다. 참, 첫째는 그런대로 넘어가 줄 만하지. 무엇이든지 그에 따른 최소한의 법칙은 존재하는 것이니까 존중해 줄 만하다고. 둘째도 그만하면 너그럽게 봐줄 수 있어. 경성말을 표준말로 삼는다고 함경도나 제주도 사람들이 반란을 일으키지는 않을 테고 말이야."

"하하하……."

구본웅이 재미있다며 과장스럽게 웃어 댔다. 그러나 이상은 심각했다.

"문제는 왜 띄어쓰기나 토 다는 문제를 두고 왈가왈부하냐 이거야. 내가 쓰는 내 나라 말을 마음대로 붙이고 띄고 하는 게 잘못이야. 토를 앞에다 단다고 나라를 두 번 팔아먹는 매국인가. 그 아래

각론은 더 지랄 같아서 그만두겠네."

이상의 작품에서 가장 눈에 띄는 것이 바로 '띄어쓰기'가 아닐까. 띄어쓰기를 무시한 이상의 작품은 한눈에도 알아볼 정도로 그의 특색처럼 돼 버렸다. 이상이 띄어쓰기를 무시하고 그처럼 민감하게 반응한 데에는 그럴 만한 이유가 있다는 분석도 있다.

문법을 무시한 채 단어와 단어를 붙여 쓰는 것은 지극히 의도적인 그의 계산이다. 이상은 어린 시절 부모와 이별을 했었다. 양자로 들어간 큰집에서도 그는 햇빛이 잘 들지 않는 건넌방에서 할머니와 지냈다. 부모는 물론 동생들조차 마음대로 만날 수 없는 그런 유년기를 보낸 이상은 친구들과도 원만하게 지내지 못했다. 그의 곁에 아무도 없었다는 의미이기도 하다. 곁에 누군가가 없다는 것은 결국 자기만의 유희를 만들어 내는 요인이 되었다. 그는 늘 외톨이였고 혼자 분노하고 속으로 이해하면서 살아야 하는 고독한 존재일 수밖에 없었다.

작가의 체험과 각인된 기억들은 무의식을 통해 작품으로 반영된다. 그런데 이상은 여기에 띄어쓰기의 무시라는 기술적 장치를 더해 자신만의 표현 양식을 만들어 낸 것이다. 단어들을 모두 붙인다는 것은 그에게 있어 늘 그립지만 소유할 수 없었던 모성애와 헤어진 가족을 하나로 묶는 의식일 수도 있다. 또한 친밀하게 다가갈 수 없었던 사람들에 대한 거리감을 좁히는 일이었다.

단순한 논리인 듯하지만 절실한 염원이 빚어낸 그만의 기법이다. 한편 여백의 미학을 존중하는 동양적 감각과는 상반되는 행위이기도 하다. 철저하게 단어들을 밀착시킴으로써 그는 여유보다는 나름대로의 현실성을, 그리고 첨가보다는 그 상태로의 방어를 추구했는지도 모른다.

금홍아, 금홍아!

두 사람이 언 몸을 녹이려고 들어간 곳은 경성부청(현 서울시청) 앞에 있는 다방 '낙랑팔라'였다.

두 사람은 전에도 이곳에서 자주 만났었다. 낙랑팔라가 위치한 소공동 입구는 일본인 거리의 길목에 해당되었다. 경성에 거주하는 일본인들을 위해 형성된 상가들이 밀집한 충무로의 입구이기도 했다. 길 양쪽으로 일본인 상점들이 즐비해 밤에는 불빛이 장관을 이루었다.

낙랑팔라는 그 당시 소위 지식인층들의 집합소라고 해도 과언이 아니었다. 도시풍의 세련된 취향을 즐겼던 모더니스트들이 특히 즐겨 찾았다. 훗날 이상과 함께 '구인회'를 이끌었던 박태원과 김기림 등도 자주 이곳에서 만남을 가졌다. 또한 구인회 동인들은 이곳을 거점으로 종로 2가의 '낙원 카페'나 을지로 입구에 있는 중국 음식점인 '아서원'을 배회하기도 했다.

이 거리를 반바지 차림의 김기림과 세련된 안경에 기름칠을 해 각을 만든 머리를 한 박태원, 그리고 검정 두루마기에 옥양목 동청을 넓게 단 김유정이 나란히 걸었다고 한다. 그럴 때마다 그 중심에는 텁수룩한 머리에 검은 양복과 흰 구두를 신은 이상이 있었다.

커피 한 잔씩을 마신 두 사람은 잠시 말이 없었다. 담배를 피워 물던 이상이 먼저 말문을 연 것은 빈 커피 잔 대신 엽차가 한 잔씩 놓였을 때였다.

"식구들을 효자동으로 데려와 함께 살게 되었다는 생각에 며칠 동안은 잠도 오지 않았네. 허나 날이 갈수록 다시 원래의 내 모습을 찾아가는 것만 같아."

그 말에 구본웅이 얼굴을 이상 쪽으로 내밀며 말했다.

"허허, 벌써 싫증인가? 하긴 늘 새로운 것을 갈망하는 자네 입장에서는 이미 권태로운 일상이 됐을 수도 있겠지."

"그래서 하는 말인데…… 여행을 떠날 생각이네. 낯설지만 신선한 공기를 마시고 처음 본 사람들의 숨소리라도 듣고 오면 조금 나아질 것 같아."

"여행이라……. 일상에 활력을 주는 비타민 같은 거지."

"그런데…… 그 눈빛이 애절한 걸 보니……."

"허허, 역시 자네의 눈은 속일 수가 없군. 그래, 따라가고 싶다는 말을 하려던 참이었네, 거참."

이상은 결국 가족들과 재회한 지 한 달도 되지 않아 집에서 탈출했다. 평소 애타게 염원하던 가족이라는 울타리를 벗어나려는 행동은 아니었다. 직장을 그만두고 집에 틀어박힌 정체되고 무능해진 자신의 모습을 가족에게 보여 주고 싶지 않았다. 또한 더욱 심해져 가는 각혈을 어루만져 보려는 자구책이기도 했다.

구본웅과 함께 찾은 곳은 황해도 연안에 있는 '배천 온천'이었다.

이곳에서의 경험을 바탕으로 쓴 단편소설이 1936년에 발표한 「봉별기」이다. 폐결핵이 더욱 악화되어 침몰 직전인 이상에게 여행은 절실한 듯했다.

여섯 달 잘 기른 수염을 하루 면도칼로 다듬어 코밑에 다만 나비만큼 남겨 가지고 약 한 채 지어 들고 B라는 신개지(新開地) 한적한 온천으로 갔다. 게서 나는 죽어도 좋았다.

그러나 이내 아직 기를 펴지 못한 청춘이 약탕관을 붙들고 늘어져서는 날 살리라고 보채는 것은 어찌하는 수가 없다.

여관에 묵은 두 사람은 일찌감치 저녁상을 물리고 나란히 누워

이런저런 이야기를 나누었다. 구본웅이 생각났다는 듯이 이상에게
몸을 돌리며 말했다.

"기차 안에서 했던 약속 지켜야 하네."

"무슨 약속?"

"술 마시지 않겠다는 약속 말이네."

이상이 획 하고 돌아누우며 퉁명스럽게 내뱉었다.

"약속은 깨져야 맛이지."

그러나 이상은 그날은 물론 그다음 날도 술을 입에 대지 않았다.
마치 이번 여행에서 그동안 소홀히 했던 건강을 완전히 수습하려
는 듯 달라진 모습을 보였다.

아침 일찍 일어나 신선한 공기를 마시며 하루를 시작했다. 밥도
하루 세 끼 꼬박꼬박 챙기며 얼굴에 생기를 불어넣고 있었다.

사흘째 되던 날 밤이었다.

"첫날부터 들었는데 저 장구 소리는 대체 뭐지? 근처에 기생집
이라도 있나?"

이상이 고개를 갸웃거리며 말했다. 구본웅도 사실 그 점이 궁금
하던 참이었다. 구본웅이 호기심을 참지 못하고 여관 주인 영감에
게 물었다. 예상이 적중했다. 근처에 '능라정'이라는 술집이 있는데
그곳 작부들의 장구 소리라는 거였다. 순간 이상과 구본웅의 눈빛
이 마주쳤다. 이내 구본웅이 질겁하듯 고개를 내저으며 시선을 돌

렸지만 이상은 달랐다.

"영감님이 앞장을 서야겠소."

이상은 결국 여관 주인을 앞장세우고 그곳으로 향했다.

"이봐, 혼자 가면 어떡하나?"

구본웅도 허둥지둥 신발을 꿰어 신으며 뒤를 따랐다. 이상은 마치 보물이라도 발견한 사람처럼 뒤도 돌아보지 않고 부리나케 걸어갔다. 아장대는 걸음으로 이상을 뒤쫓던 구본웅이 볼멘소리로 외쳐 댔다.

"이 사람아, 앞에 가는 게 도적놈이고 뒤가 순사라는 말도 모르나?"

요란한 발소리를 내며 여관 주인의 한쪽 팔을 부축하듯 끌듯 걸음을 재촉하던 이상이 갑자기 휙 돌아보더니 소리쳤다.

"이럴 땐 순사보단 도적놈이 나은 법일세."

이곳에서 만난 여자가 바로 「봉별기」에 등장하는 금홍이었다.

금홍의 본명은 연심이다. 이상의 문우인 윤태영은 그녀를 두고 "보들레르의 흑백 혼혈 정부인, 검은 비너스 잔 뒤발을 뛰어넘을 만큼 성적 매력을 가득 지닌 여자"라고 극찬을 했다.

금홍이를 처음 본 이상은 호기심이 잔뜩 생겼다.

"몇 살인가? 체구가 풋고추만 하고 깡그라진 것이 이제 열여섯이나 많아야 열아홉 정도겠지?"

금홍이 그윽한 시선을 주며 작은 입으로 말했다.

"스물한 살이네요."

"허허, 그럼 나는 몇 살이나 돼 보이나?"

"글쎄…… 마흔? 아니면 서른아홉?"

순간 이상의 얼굴이 잔뜩 굳어졌다.

그날은 일찍 여관으로 돌아왔다. 하지만 밤새 이상의 머릿속을 옮겨 다니며 불면을 만드는 얼굴 하나가 있었다. 금홍이었다.

"허, 그것 참……."

구본웅은 코를 골며 곯아떨어졌지만 이상은 밤새 잠을 이룰 수가 없었다. 이상은 어쩔 수 없이 그 나비 같다면서 달고

다니던 코밑수염을 아주 밀어 버렸다. 그리고 날이 저물기가 급하
게 또 금홍이를 만나러 갈 수밖에 없었다.

　이상에게 있어서 금홍이는 새로운 길이었다. 병약한 몸이었지만
밤새 술을 마시고 금홍의 웃음에 취할 수 있었던 것도 그 때문이었
다. 금홍의 모든 것이 사랑스러웠다. 그녀가 열일곱 살에 이미 아이
를 낳은 적이 있는 여자라는 사실조차도 호기심 가득한 옛날이야
기처럼 받아들일 수 있었다.

　「봉별기」에서 이상은 다음
과 같이 표현하고 있다.

그날 밤에 금홍이는 금홍이가 경산부(經産婦)라는 것을 감추지 않았다.

"언제?"

"열여섯 살에 머리 얹어서 열일곱 살에 낳았지."

"아들?"

"딸."

"어딨나?"

"돌 만에 죽었어."

지어 가지고 온 약은 집어치우고 나는 전혀 금홍이를 사랑하는 데만 골몰했다. 못난 소린 듯하나 사랑의 힘으로 각혈이 다 멈췄으니까.

(중략)

금홍이가 내 아내가 되었으니까 우리 내외는 참 사랑했다. 서로 지나간 일은 묻지 않기로 하였다. 과거래야 내 과거가 무엇 있을 까닭이 없고 말하자면 내가 금홍이 과거를 묻지 않기로 한 약속이나 다름없다.

금홍이는 겨우 스물한 살인데 서른한 살 먹은 사람보다도 나았다. 서른한 살 먹은 사람보다도 나은 금홍이가 내 눈에는 열일곱 살 먹은 소녀로만 보이고 금홍이 눈에 마흔 살 먹은 사람으로 보인 나는 기실 스물세 살이요, 게다가 주책이 좀 없어서 똑 여남은 살 먹은 아이 같다. 우리 내외는 이렇게 세상에도 없이 현란하고 아기자기하였다.

이상의 대표작인 「날개」 속에서 등장하는 '아내'와의 관계 역시 금홍과의 동거 생활을 바탕으로 탄생된 것이다. 그만큼 금홍이는 이상의 삶과 문학에 있어 빼 놓을 수 없는 존재이기도 하다.

이상은 금홍을 데리고 경성으로 와서 다방 '제비'를 열게 된다.

3장

삶과 문학 그리고 사랑

까마귀의 눈으로 본 세상,「오감도」

종로구 청진동에 있는 '제비' 다방은 붉은 벽돌로 지어진 조선광무소 일층이었는데 전세로 계약했다. 그리고 건너편에 셋방을 얻어 금홍과 살림을 시작했다.

효자동 집문서를 맡긴 돈으로 다방을 차릴 때 이상은 구본웅을 제외한 누구와도 의논조차 하지 않았다. 그래서 처음에는 동생들은 물론 부모까지도 그런 사실을 까맣게 모르고 있었다.

이상은 나름대로 사업에 자신감을 보였다. 금홍을 '제비' 다방의 마담으로 내세우면 못할 것도 없다는 생각이었다.

이상은 아침부터 다방으로 나가 탁자와 의자를 몇 번이고 닦고 계산대 위 꽃병에 물도 갈아주는 등 개업 준비에 열을 올렸다. 그는 다방의 실내 장식을 자기 취향에 맞게 고집했다. 자신의 선전 입선 작인 유화 〈자화상〉을 벽에 걸어 두었다. 10호 정도 되는 황색 계통의 자화상은 허연 벽에 덩그러니 걸려 강렬한 인상을 주었다.

그러나 기대와는 달리 다방을 찾는 손님은 많지 않았다.

경험 부족이었고 무엇보다 금홍이도 예상과는 달리 열의를 다해 마담 역할에 충실하지 못했다. 단지 이상의 〈자화상〉만 덩그러니 걸려 있는 다방에서 금홍은 열없는 동작으로 차를 나르고 손님을 상대할 뿐이었다.

차츰 이상과 금홍은 게을러지기 시작했다.

두 사람은 정오 무렵에 겨우 일어나 장국밥이나 설렁탕을 시켜 먹고 시간에 떠밀리듯 어슬렁 다방으로 나갔다. 여전히 금홍은 술을 따르고 장구를 치는 일과는 달리 쉽게 적응하지 못했다. 어쩌다 손님 서너 사람이 한꺼번에 닥치기라도 하면 금홍은 어쩔 줄 몰라 허둥대기 일쑤였다.

"아이 난 몰라. 난 몰라. 누구는 커피고 누구는 홍차고 또 누구는 엽차만 달라고 하니 못 살겠어. 술을 팔 땐 그냥 술이면 만사 오케이였는데……."

겨우 손님이 돌아가면 금홍은 자리에 맥없이 무너진 채 이상에게 온갖 인상을 써 가며 투정을 부렸다.

"차차 나아지겠지. 어을우동(어우동)도 황진이도 날 때부터 춤추고 술잔을 돌린 건 아닐 테니까. 허허허."

  장사가 되지 않는데도 이상은 아랑곳하지 않았다. 밤낮으로 문우들과 다방 한구석에 모여 앉아 큰 소리로 떠들고 어수선한 분위기만 만들었다. 혹은 원고지를 껴안고 골방에 처박혀 있다가 밤만 되면 외출하는 생활을 반복할 뿐이었다.

  다음 해인 1934년에도 사정은 마찬가지였다.

  그 무렵 이상은 김기림과 정지용의 추천으로 구인회에 가입하여 더욱 밖으로만 나돌게 되었다.

  구인회는 1933년 문단의 중견급 작가 아홉 명에 의해 결성된, 순수문학을 표방한 문학 동인회였다.

  처음에는 김기림, 이효석, 이종명, 김유영, 유치진, 조용만, 이태준, 정지용, 이무영 등 아홉 명이 결성했다. 얼마 후 이종명과 김유영 그리고 이효석이 탈퇴하고 이상, 박태원, 박팔양이 가입했다. 그리고 유치진과 조용만 대신 김유정과 김환태로 교체되기도 했는데, 어쨌든 늘 9명의 회원을 유지했다.

  1930년대에는 정치적·사회적·도덕적 주장을 강력히 내세우는 경향문학이 쇠퇴했다. 그러자 구인회는 문단의 주류가 되어 순수문학을 확립하는 데 큰 기여를 한 것이다. 이상과 박태원이 중심이 되어 『시와 소설』이라는 동인지를 펴내기도 했다.

  이상은 주로 그들과 어울려 다니며 본격적인 문학 활동을 시작했다. 그렇게 오직 시와 소설에 매달려 다방 일에는 아예 신경을 쓰지 않았다.

"세상이 나를 외면한다고 해서 내가 사라지는 건 아니라고. 다만 내가 세상을 향해 그만큼 할 말들을 더 마련할 시간을 주는 셈이지. 안 그런가?"

이상은 문우들과 만난 자리에서 변함없이 무성 영화의 변사처럼 떠들어 대곤 했다. 문학과 그림은 물론 다양한 방면에까지 이상은 생각이 나는 대로 떠벌이는 사람처럼 행동했다. 하지만 이상은 누구보다 생각이 많은 사람이었다. 그 생각의 수위가 넘쳐 자기도 모르게 통제 불능 상태처럼 입을 통해 터져 나오기도 했다.

옆 자리에서 이상을 한참 바라보던 이태준이 한마디 했다.

"입으로만 떠들어 댈 게 아니라 시 한번 발표해 보지?"

그 말에 이상이 반색하며 말했다.

"그거 참 좋은 생각이군요. 말 나온 김에 형 신문에 내 시 좀 실어 주시오."

『시대일보』에 「오몽녀」를 발표하면서 등단한 소설가 이태준은 그 무렵 『조선중앙일보』에 학예부장으로 있었다.

이상은 『매일신보』에 시 「보통기념」을, 『신여성』에 수필 「혈서삼태」를 선보였다. 그리고 뒤를 이어 『조선중앙일보』에 그 유명한 「오감도」를 발표하게 된다.

「오감도」는 발표되기 전부터 물의를 일으켰다. 이태준은 이상의 원고를 처음 받아 보고는 앞으로 벌어지게 될 파문을 충분히 예감했다. 그래서 양복 안주머니에 사표를 넣고 다닐 정도였다.

그의 예상은 적중해서 인쇄되기 전부터 말썽을 일으켰다. 인쇄 직전 원고를 받은 문선부(활판 인쇄를 할 때 인쇄소에서 원고대로 활자를 골라내는 부서)에서 대뜸 연락이 왔다.

"혹시 오감도가 조감도의 오자가 아니오? 새 조를 까마귀 오로 잘못 쓴 거 같은데."

더군다나 오감도란 말은 사전에도 나오지 않고 생전 처음 보는 단어라며 당황스러워했다. 겨우 설득해서 조판을 교정부로 넘겼더니 또 거기서 문제가 생겼다.

나중에 편집국장에게까지 진정이 들어갔지만 결국 시는 지면을 통해 세상으로 나갔다.

시 제1호

13인의 아해가도로로질주하오.

(길은막다른골목이적당하오.)

제1의아해가무섭다고그리오.

제2의아해도무섭다고그리오.

제3의아해도무섭다고그리오.

제4의아해도무섭다고그리오.

제5의아해도무섭다고그리오.

제6의아해도무섭다고그리오.

제7의아해도무섭다고그리오.

제8의아해도무섭다고그리오.

제9의아해도무섭다고그리오.

제10의아해도무섭다고그리오.

제11의아해도무섭다고그리오.

제12의아해도무섭다고그리오.

제13의아해도무섭다고그리오.

13인의아해는무서운아해와무서워하는아해와그렇게뿐이모였소.

(다른사정은없는것이차라리나았소.)

그중에1인의아해가무서운아해라도좋소.

그중에2인의아해가무서운아해라도좋소.

그중에2인의아해가무서워하는아해라도좋소.

그중에1인의아해가무서워하는아해라도좋소.

(길은뚫린골목이라도적당하오.)

13인의아해가도로로질주하지아니하여도좋소.

예상대로 온갖 항의들이 빗발치기 시작했다.

"어떤 미친놈의 잠꼬대를 신문에 싣느냐?"

"당장 신문사로 가서「오감도」원고를 불태워 버리자!"

"까마귀 눈으로 뭘 본다는 거야?"

"이상이란 작자를 매장시켜야 한다!"

신문사에 격렬한 독자 투고와 항의들이 빗발쳐 업무가 마비될 지경이었다. 이태준은 그럴 때마다 주머니에 있는 사표를 손으로 확인하며 밀고 나갔다.

「오감도」는 1934년 7월 24일부터 8월 8일까지 연재되었다. 원래는 30회를 예정으로 연재를 시작했지만 처음부터 수많은 장벽에 부딪쳤다. 결국 독자들의 항의가 빗발쳐 연재를 더 이상 할 수가 없었다. 이태준이 고집스레 15회까지 밀고 나갔지만 결국은 그도 어쩔 수 없었다.

"왜 미쳤다고들 그러는지……. 우리는 남보다 수십 년씩 떨어졌는데도 언제까지 마음 놓고 지낼 작정이냐?"

이상은 한심한 생각이 들어 소리쳤다. 하지만 더 이상 연재를 이어갈 수 없는 현실을 인정해야 했다. 쉬지 않고 터지는 독자들의 비난과 항의 그리고 야유와 욕설 속에서 이상은 한 걸음 물러섰다.

어느 날 냉정을 찾은 이상은 문제의 「오감도」를 처음부터 신중하게 읽어 보기 시작했다. 그는 크게 놀라고 말았다. 특히 시 제2호를 읽는 순간 낯선 전율 같은 것이 전신에 몰려왔다.

나의아버지가내곁에서졸적에나는나의아버지가되고또나는나의아버지의아버지가되고그런데도나의아버지는나의아버지대로나의아버지인데어쩌자고나는자꾸나의아버지의아버지의아버지의……아버지가되느냐나는왜나의아버지를껑충뛰어넘어야하는지나는왜드디어나와나의아버지와나의아버지의아버지와나의아버지의아버지의아버지노릇을한꺼번에하면서살아야하는것이냐.

우선 이상이 처음으로 느낀 것은 호흡하기가 힘들다는 거였다. 그것은 띄어쓰기를 무시하고 구두점 등을 생략한 문법의 파기에서 오는 것으로 해석할 수도 있었다. 하지만 그보다는 법이나 규칙, 그리고 질서와 약속과 같은 현실을 부정하고 거부하는 데서 오는 강한 떨림이었다.

그중에서도 아버지로 상징되는 부분에 대한 저항은 반복된 어조와 강렬한 속도감과 함께 위기감마저 강하게 전해졌다.

이상은 자신의 시가 난해하다는 점도 발견했다. 자신이 쓴 시였지만 스스로도 쉽게 이해할 수 없는 부분이 많았다.

'아……'

이상은 한동안 정신을 차릴 수가 없었다. 마치 자신을 잃어버린 듯한 공허감에 갈피를 잡을 수가 없었다. 망망대해에 혼자 떠 있는 듯한 절박함과 외로움이 몰려왔다.

"이상! 이상? 이상이 누구였던가? 그게 정령 나라는 말인가……."

이상은 돌연 지금까지 자신을 대신해 왔던 그 이름에 대해 깊은 회의에 잠겼다.

그가 이상이라는 이름을 처음 사용하게 된 것은 1932년 「건축무한육면각체」라는 시를 발표할 때부터였다. 물론 그 이름을 처음 접하게 된 것은 경성고등공업학교 시절이었다. 현장 실습을 나갔을 때 일본인 인부가 그를 '리상'이라고 잘못 부르는 것을 듣고는 필명으로 삼기로 했던 것이다. 그래서 졸업할 때 한국 학생들을 위한 졸업앨범 편집위원으로 서명을 하면서 썼던 이름이기도 했다.

그런데 갑자기 '이상'이라는 이름이 낯설게 다가왔다. 더군다나 감당하기 벅찬 이름으로까지 여겨졌다.

'정말 난 이상인가? 김해경은 이제 영원히 죽었고 이상이라는 이름으로 살아가야 하는가……'

이상은 그 무렵부터 변화를 모색하게 된다. 자신을 쉽게 받아 주지 않고 이해하지 못하는 세상을 향해 더 절실한 몸짓으로 뛰어들 생각이었다. 김해경이라는 원래의 자신을 벗고 이상으로 더 큰 몸부림을 남기리라 결심했다.

혼란에 빠진 이상이 허우적대다 탈출구를 찾은 것이 수필이라는 해석도 있다. 이상은 자신을 되짚어 보고 실종된 자아를 찾기 위해 수필 쓰기에 매달리게 되었다는 것이다.

어쨌든 이상은 잠시 자신을 수습한 뒤 「오감도」 연재를 마치면서 '작자의 말'에서 다음과 같이 심정을 밝혔다.

모르는 것은 내 재주도 모자랐겠지만 게을러빠져 놀고만 지내던 일도 좀 뉘우쳐야 하지 않겠느냐. 여남은 개쯤 써 보고서 시 만들 줄 안다고 잔뜩 믿고 굴러다니는 패들과는 물건이 다르다. 이천 점에서 삼십 점을 고르는 데 땀을 흘렸다. 31년 32년 일에서 용대가리를 떡 꺼내어 놓고 하도들 야단에 배암 꼬랑지커녕 쥐 꼬랑지도 못 달고 그만두니 서운하다. 깜빡 신문이라는 답답한 조건을 잊어버린 것도 실수지만 이태준, 박태원 두 형이 끔찍이도 편을 들어준 데는 절한다. 철 (鐵)―이것은 내 새 길의 암시요 앞으로 제 아무에게도 굴하지 않겠지만 호령하여도 에코가 없는 무인지경은 딱하다. 다시는 이런―물론 다시는 무슨 다른 방도가 있을 것이고 우선 그만둔다. 한동안 조용하게 공부나 하고 따는 정신병이나 고치겠다.

이상의 작품에서는 서정적인 맛은 엿볼 수가 없다. 숫자와 기하학적 단어 그리고 관념적인 한자로 구성된 지극히 난해한 문학이다. 하지만 그는 형식상의 파격과 내용상의 난해로 한국 근대정신을 무너뜨리는 자극제 역할을 했다. 1930년대 유행했던 현대 문학이 지닌 여러 특성을 그 문학 속에 반영시킨 공로가 크다 할 수 있다.

그는 한국 문학의 최고 아방가르드(전위적 예술 경향) 시인이라는 평가를 받고 있다. 어두운 식민지 시대에 돋보이는 인물임에는 의심의 여지가 없다. 그의 등장 자체가 한국 문학사상 최고의 사건이라는 찬사까지 나올 정도이다.

특히 그의 시는 기존 문법을 무시한 결과물이라는 점에서 잘 알려져 있다. 띄어쓰기와 단락 구분의 무시, 역설, 아이러니, 숫자나 기호의 도입 등으로 일상적인 언어 규범을 외면했다. 이러한 행위는 당시 모든 것들이 무너지고 갇혀 버린 식민지 사회에 대한 저항으로도 볼 수 있다.

이상은 자유와 개성을 인정하지 않는 사회 질서에 대한 저항의 의미로 문법을 파괴했다. 그리고 새로운 질서를 창조하고자 했다.

삶과 의미를 담아내고 시대의 부조리를 고발할 수 있는 새로운 문법이 그것이다. 모든 질서와 가치를 상실한 시대에 살고 있는 시인이 택할 수 있었던 유일한 방법이었는지도 모른다.

　죽음처럼 막막하고 모든 것이 정지된 듯한 암울한 시대, 그 속에서 비명처럼 외쳐 댄 것이 그의 시였다. '오감도'라는 제목도 죽음의 세계를 그려 내기 위한 것이 아닌가 생각해 볼 수 있다. 이상에게 현실은 고독한 까마귀가 바라본 세상, 즉 죽음의 공간이었을 뿐이다. 그는 까마귀처럼 현실 세계를 바라보았던 것이다.

사랑이 떠난 자리에

　다방 '제비'는 더욱 심각한 경영난에 허덕였다. 커피와 설탕 등 재료를 살 돈마저 바닥나 버렸다.

　그 무렵 효자동에서 이따금 생활비를 얻고자 여동생이 심부름을 오고는 했다. 늦잠에서 부스스 일어난 이상은 방문을 활짝 열고는 금홍이부터 찾았다. 금홍이 눈에 띄지 않으면 얼른 주머니를 뒤져 있는 대로 돈을 꺼내 옥희에게 쥐어 주었다. 행여 금홍이 옆에 있으면 딴청을 부리다가 자리를 뜨면 그때야 돈을 건네기도 했다.

　"요즘 장사가 잘 안 돼서 그래. 나중에 더 넉넉히 챙겨 줄 테니 돌아가거라. 정말 부자가 되면 그때 더 잘 모시겠다고 어머니께 전해라."

　이상의 목소리에 힘이 없었다.

이상은 가족에 대한 남다른 애정을 가지고 있었다. 그동안 하지 못했던 효도를 한꺼번에 하려는 듯 누구보다 관심을 갖고 부모를 대했다. 많은 시간을 함께하지 못했던 동생들에게도 마찬가지였다. 이따금 괴팍스러운 말과 행동으로 주위를 난처하게 만드는 그였지만 동생들에게는 달랐다. 아무리 화가 나도 언성 한번 높이지 않았다.

여유롭지 못한 생활이 그를 괴롭힐 뿐이었다. 때로는 자신보다 가족을 위해 돈을 벌어야겠다는 다짐마저 하기도 했다. 그것이 곧 자신의 행복 가운데 일부라는 생각을 잊지 않았다.

부모는 물론 동생들도 그런 이상의 마음을 이해했다. 어머니는 이상에게 직접 내색하지 않았지만 옥희를 통해 그가 가장 듬직하고 대견한 아들임을 입버릇처럼 새기고는 했다.

금홍과의 관계는 차츰 더 냉랭해지기 시작했다. 금홍은 다방 일에는 아예 관심도 없고 설상가상으로 외출하는 일이 잦아졌다.

이상은 이 무렵의 심정을 소설 「봉별기」에서 다음과 같이 적고 있다.

부질없는 세월이…… 일년이 지나고 팔월, 여름으로는 늦고 가을로는 이른 그 북새통에…… 금홍이에게는 예전 생활에 대한 향수가 왔다.

나는 밤이나 낮이나 누워 잠만 자니까 금홍이에게 대하여 심심하다.

그래서 금홍이는 밖에 나가 심심치 않은 사람들을 만나 심심치 않게 놀고 돌아오는…… 즉 금홍이의 협착(狹窄)한 생활이 금홍이의 향수를 향하여 발전하고 비약하기 시작하였다는 데 지나지 않는 이야기다.

밤늦도록 외출을 즐기고 돌아온 금홍은 이렇다 할 변명도 하지 않았다. 그러고는 다음 날이면 어김없이 새 옷으로 갈아입고 나갔다. 이상은 어디를 가느냐고 묻지도 못했으며 금홍 역시 단 한 번도 설명하지 않았다. 행여 이상이 물었다고 해도 그녀는 대답할 이유조차 없다는 식이었을 것이다. 왜냐하면 이상과 눈이 마주쳤을 때마다 그녀는 경멸에 찬 조소를 보냈기 때문이다. 이상은 아예 방을 나서는 그녀의 뒷모습마저 쳐다보지 않게 되었다.

그러던 금홍이 외박까지 하게 되었다.

"어디서 잤는지는 묻지 않겠어. 허나 왜 집에 들어오지 않았는지는……."

이상의 말은 거기서 중단되고 말았다. 눈앞에 불꽃이 일었다. 금홍이 다짜고짜 이상의 뺨을 갈겨 버린 것이다.

이상은 그날 금홍에게 이유 없이 몹시 얻어맞았다. 금홍이가 무서워진 이상은 그 길로 집을 나가 사흘 동안 들어오지 못했다.

무작정 경성 거리를 쏘다녔다. 걷다가 지치면 남의 집 담벼락 아래 쪼그리고 앉아 쉬었지만, 쉴 새 없이 쏟아져 나오는 기침과 보

잘것없는 자신의 모습에 더욱 움츠러들 뿐이었다. "나는 거기 아무데나 주저앉아서 내 자라온 스물여섯 해를 회고하여 보았다. 몽롱한 기억 속에서는 이렇다는 아무 제목도 불거져 나오지 않았다"고 소설 「날개」에서 그는 무기력한 자신을 조명해 보고 있다.

갈 곳이 없던 이상은 친구들을 찾아가 한잔의 술로 파김치가 된 몸을 달랬다.

사흘 만에 집으로 돌아왔지만 금홍은 이미 때 묻은 버선만을 윗목에 벗어 놓은 채 나가 버린 뒤였다.

금홍이의 가출을 두고 친구들은 그만 잊으라는 말만 해 줄 뿐이었다. 평소 몸가짐이 좋지 않은 여자였으니 벌써 누군가와 새살림을 차렸을 거라면서 이상을 위로했다.

"늘 한쪽만 확인할 수밖에 없는 자신의 엉덩이를 남에게 통째로 보여 준다는 것은 또 다른 세상을 알게 해 주는 성스러운 행위라고."

이상은 그렇게 궤변을 늘어놓으며 껄껄 웃어 댔다. 친구들이 걱정스럽게 바라보자 오히려 그들을 위로하기까지 했다.

"허허, 걱정들 말게나. 난 금홍이가 집을 나가는 그 순간부터 깨끗이 잊었으니까."

대수롭지 않다는 식으로 받아넘기는 이상을 친구들은 이해하면서도 한편으로는 측은하게 여겼다. 가뜩이나 장사가 되지 않아 허덕이는 형편에 여자까지 떠났으니 얼마나 속내가 편치 않겠느냐는 생각에서였다.

정말 이상은 그 후 금홍이를 완전히 잊은 사람처럼 그녀에 대한 그 어떤 이야기도 입 밖에 꺼내지 않았다.

그런데 두 달 후 금홍이가 돌아왔다.

그런 두절된 세월 가운데 하루 길일을 복(卜)하여 금홍이가 왕복엽서처럼 돌아왔다. 나는 그만 깜짝 놀랐다.

금홍이의 모양은 뜻밖에도 초췌하여 보이는 것이 참 슬펐다. 나는 꾸짖지 않고 맥주와 붕어 과자와 장국밥을 사 먹여 가면서 금홍이를 위로해 주었다. 그러나 금홍이는 좀처럼 화를 풀지 않고 울면서 나를 원망하는 것이었다. 할 수 없어서 나도 그만 울어 버렸다.

"그렇지만 너무 늦었다. 그만해두 두 달 지간이나 되지 않니? 헤어지자, 응?"

"그럼 난 어떻게 되우, 응?"

"마땅헌 데 있거든 가거라, 응?"

"당신두 그럼 장가가나? 응?"

헤어지는 한에도 위로해 보낼지어다. 나는 이런 양식 아래 금홍이와 이별했더니라.

하지만 이상은 금홍이를 잘 타일러 돌려보냈다. 작품 속 두 사람

의 대화에서도 나와 있듯이 어쩌면 서로 쉽게 헤어지지는 못했으리라. 말끝마다 '응?'이라며 되묻는 것이 그런 심정을 잘 드러내 주고 있다.

어쨌든 금홍은 마지막 선물인 듯 2인용 베개를 이상에게 주고 떠났다. 금홍이 없는 방에서 이상은 그 베개를 혼자 베고 지냈다. 누운 채로 손가락 하나 움직이지 못했다.

2주일째가 되는 어느 날 이상은 겨우 몸을 일으켜 앉아 엽서를 썼다. 금홍에게 돌아와 달라는 내용이었다. 그동안 제대로 먹지를 못한 탓에 손가락 끝에 힘이 없어 자꾸만 펜이 굴러 떨어졌다. 겨우겨우 엽서 위에 자신의 심정을 옮겨 놓은 이상은 맥없이 옆으로 쓰러져 깊은 잠이 들었다. 마침 찾아온 옥희가 엽서를 발견하고는 대신 금홍에게 보냈다.

엽서를 받고 열흘쯤 후 돌아온 금홍은 곧 굶어 죽기 직전인 이상을 보자 눈물을 보였다.

"걱정 말아요. 이젠 내가 당신을 먹여 살릴 테니."

"오, 오케이!"

이상은 누운 채로 겨우 입을 떼어 대답했다.

금홍은 그날부터 두 팔을 걷어붙이고 나섰다.

그러나 금홍의 약속은 오래가지 못했다. 금홍은 다섯 달이 지나 또 가출해 버렸다. 그러고는 다시 돌아오지 않았다. 이상은 「봉별기」마지막 부분에서 자신의 사랑을 이렇게 장식했다.

"속아도 꿈결 속여도 꿈결 굽이굽이 뜨내기 세상 그늘진 심정에 불질러 버려라."

이상은 금홍을 진심으로 사랑했다.

금홍과 함께한 3년에 가까운 생활 가운데, 그녀의 두 번째 가출 전의 상황을 소설 「날개」에서 묘사한 부분이다.

18가구에 각기 별러 들은 송이송이 꽃들 가운데서도 내 아내는 특히 아름다운 한 떨기 꽃으로 이 함석지붕 밑 볕 안 드는 지역에서 어디까지든지 찬란하였다.

이상에게 있어 금홍은 가장 오래 함께 있었던 여자이기도 하다. 그래서 이상은 유일하게 그녀를 '아내'라고 표현했으며, 자신의 의지대로 움직이지 않은 여자라는 속마음을 보여 주고 있다.

하지만 인연이 닿지 않는 그녀를 끝까지 잡아 둘 수가 없었다.

이상은 시 「이런 시」에 금홍에게 전하는 마음을 남기기도 했다.

내가 그다지 사랑하던 그대여 내 한평생에 차마 그대를 잊을 수 없소이다. 내 차례에 못 올 사랑인 줄은 알면서도 나 혼자는 꾸준히 생각하리다. 자, 그러면 내내 어여쁘소서.

이상이 사랑한 여자 금홍은 그렇게 떠나 버렸다.

그 후로도 이상은 몇몇 여자를 만나고 사랑을 품게 된다. 하지만 대부분이 정상적이지 못한 사랑이라고 평가된다. 또한 당시의 문화와 시대적 분위기를 볼 때 자유로운 연애를 했다는 것도 화젯거리로 회자되고 있는 부분이다. 이상이 만난 여자들은 대부분 작부이거나 여종업원이라는 것도 이색적이다. 물론 이상이 숨을 거두기 직전의 아내였던 변동림은 예외지만, 평범하지 않은 것만은 사실이다.

그 여자들 가운데 이상의 인생과 작품에 가장 큰 영향을 준 것은 금홍이다. 그녀의 존재는 이상에게 다양한 영향을 끼쳤다. 그녀와 헤어지고 난 뒤 벌어지는 크고 작은 변화들이 그 사실을 뒷받침해 준다.

이상에게 여자라는 존재는 어쩌면 두려움의 대상일 수도 있다. 어렸을 때 자신을 버린 어머니와 구박을 일삼던 큰어머니 그리고 문경까지 여성 공포증이 생길 법도 했다. 그런 이상에게 금홍은 경계할 대상이면서도 사랑하는 존재였다.

금홍은 떠났지만 이상에게는 지울 수 없는 기억들이 각인되어 있었다. 그것이 이상의 삶과 문학에 적지 않은 변화의 요인이 되었다. 그의 소설 「날개」, 「지주회시」, 「봉별기」에 금홍과의 관계에 대한 묘사가 자주 등장하는 것도 그 때문이다.

현실이라는 벽과의 싸움

「오감도」 사건 이후 이상은 하융이라는 이름으로 삽화를 그렸다.
박태원이 『조선중앙일보』에 소설 「소설가 구보 씨의 1일(一日)」을
연재했는데 이상이 삽화를 맡았다. 이상에게 그림은 분신과도 같았
다. 시와 소설처럼 세상에 내밀 수 있는 또 다른 자신이기도 했다.

이상은 한때 수필가 김소운이 경영하는 아동잡지 『목마』에 일본
화가의 그림을 본 뜬 표지와 삽화를 그린 적도 있었다. 그림에는 누
구보다 자신 있는 그였다. 그래서인지 박태원의 소설에 그린 삽화
는 「오감도」와는 달리 문제가 되지 않았다.

그 무렵 이상은 『월간매신』에 단편소설 「지팡이 역사」와 『중앙』
에 시 「소영위제」를 발표했다. 시인 이상이 아닌 인간 김해경의 모습

을 엿보게 하는, 지금까지와는 조금 다른 정서가 묻어 있는 시였다.

1

달빛속에있는네얼굴앞에서내얼굴은한장얇은피부가되어너를칭찬하는내말씀이발언하지아니하고미닫이를간지르는한숨처럼동백꽃밭내음새지니고있는네머리털속으로기어들면서모심듯이내설움을하나하나심어가네나.

2

진흙밭헤맬적에네구두뒤축눌러놓은자국에비내려가득고였으니이는온갖네거짓네농담에한없이고단한이설움을곡(哭)으로울기전에땅에놓아하늘에부어놓는내억울한술잔네발자국이진흙밭을헤매며헤뜨려놓음이냐.

3

달빛이내등에묻은거적자국에앉으면내그림자에는실고추같은피가아물거리고대신혈관에는달빛에놀란냉수가방울방울젖기로너는내벽돌을씹어삼킨원통하게배고파이지러진형겊깊심장을들여다보면서어항이라하느냐.

이상 역시 머리는 하늘로 향하고 있지만 어쩔 수 없이 두 발은 현실을 딛고 선 인간인지라 현실을 외면할 수는 없었다. 혼자가 된 몸이라고 해서 먹고사는 일에 소홀할 수는 없었다. 무엇보다 그에게는 장남이라는 의무가 멍에처럼 얹혀 있었다.

이상은 넉넉하지 못한 집안을 위해 안간힘을 썼다. 손님의 발길이 뚝 끊어진 다방 '제비'를 다시 일으키려고 노력했다. 아침 일찍 다방에 나가 청소도 하고 서툰 솜씨로 차를 만들며 하루하루를 버텼다.

그러나 이미 기울기 시작한 다방은 쉽게 수습할 수가 없었다. 이상은 우두커니 다방에 홀로 앉아 고민에 빠질 때가 많았다. 이따금 구인회 동인인 이효석과 이무영 그리고 조용만 등이 위로한다고 찾아와 주고는 했다.

이효석은 1928년 『조선지광』에 단편소설 「도시와 유령」을 발표하면서 등단했다. 그 후 「행진곡」, 「기우」 등을 이어가면서 구인회에 가담했고 「돈」, 「수탉」 등 향토색이 짙은 작품을 만들어냈다.

1934년에는 「산」, 「들」 등 자연과의 교감을 수필적인 필체로 묘사한 작품들을 내놓기도 했다. 그리고 1936년에는 한국 단편문학의 전형적인 수작이라고 일컫는 「메밀꽃 필 무렵」을 탄생시켰다.

한편 이무영은 1932년 장편소설 「지축을 돌리는 사람들」을 『동아일보』에 연재하며 문단에 나왔고, 조용만은 1930년 『비판』에 단편소설 「사랑과 행랑」과 『동광』에 희곡 「가보세」 등을 각각 발표하며 이름을 알렸다.

"난 사업에는 재주가 없나 보오."

이상이 그들에게 푸념을 늘어놓았다.

"시인이 시를 써야지 사업은……."

이효석은 위로를 하고는 있었지만 내심 무거운 마음인지 말끝을 흐렸다. 조용만이 웃음기 섞인 말투로 뒤를 이었다.

"그러고 보면 자넨 보들레르와 닮은 데가 있어. 스치듯 만난 여자도 그렇고 아버지가 아니라 백부지만 어쨌든 남긴 유산을 낭비해서 문제가 된 것도. 허허헛."

웃자고 한 농담이었지만 순간 분위기가 싸늘해졌다.

아버지가 죽자 재혼을 한 어머니 밑에서 자란 프랑스 시인 보들레르는 순탄한 성장기를 보내지 못했다. 고등학교를 퇴학당한 뒤 유태인 매춘부인 사라와 사귀는 등 방탕한 파리 생활을 시작했다. 나중에는 흑백 혼혈 여배우 잔 뒤발과 사랑에 빠지기도 했다. 그렇게 아버지가 남긴 유산을 낭비하자 어머니는 법정 후견인을 지정하기까지 했다.

조용만은 그 사실을 놓고 농담처럼 이상을 비유한 것이다. 오히려 어색해진 분위기를 쓸어버리듯 이상이 한 손을 크게 벌리며 읊었다.

"오너라, 내 가슴에. 매정하고 귀가 먹은 사람아. 사랑하는 호랑이, 시름에 겨워 보이는 괴물아. 내 떨리는 손가락들을 오래오래 담그고 싶다. 네 우거진 갈기 속에, 네 향기 가득 찬 속치마 속에 고민으로 터질 것 같은 내 머리를 파묻고, 내 사라진 사랑의 그리운 냄새를 시들은 꽃처럼 들이마시고 싶다……."

보들레르가 잔 뒤발을 위해 쓴 시 「망각의 강」이었다. 이상이 마치 변사처럼 손동작을 해 가며 시를 읊어 대자 모두들 입으로는 웃으면서도 고개를 설레설레 내저었다.

"참, 경성축구단이 동경 문리대학을 육 대 일로 깼다는데 이러고 있을 건가? 우리가 축하를 해 줘야지!"

이무영이 생각났다는 듯 소리쳤다. 모두들 술집으로 가려는 분위기였다. 이상이 등받이에 목을 기대며 나른하게 말했다.

"난 생각 없어."

평소 같았으면 앞장을 섰을 이상이었다. 그런 그가 미적대는 모습을 보이자 모두들 의아해했다. 하지만 이상의 표정에서 나른함 이상의 그 무엇을 읽어 낸 모양이었다. 모두들 이상을 물끄러미 바라보더니 차례대로 다방을 나갔다.

사실 이상은 보이지 않는 희망 때문에 심한 무력감에 빠져 있었다. 그는 기다려도 오지 않는 희망과도 같은 손님에 대한 미련을 접고 다방 문을 일찍 닫았다. 그리고 셋방으로 천천히 걸음을 옮겼다.

9월의 오후 속 셋방은 퀴퀴하고 어두컴컴했다. 천장은 머리에 닿을 듯 매우 낮았고 지하실처럼 낮이고 밤이고 침침하고 습했다. 이상의 친구들이 몇 번 와서 보고는 멀쩡한 사람도 사나흘만 있으면 폐인이 될 방이라며 혀를 내두를 정도였다.

하지만 이상에게는 너무도 익숙한 공간이었다. 어린 시절부터 어둠은 이상에게 있어 늘 함께하는 친구와도 같은 존재였다. 그런 이상이 창문은 물론 방문까지 활짝 열어젖혔다. 조금 환해진 방바닥에 가슴을 대고 누웠다. 버릇처럼 원고지를 펼쳐 놓고 시를 쓰기 시작했다.

1935년이 밝아 왔지만 조금도 나아진 것도 달라진 것도 없는 생활의 연속이었다.

이상은 창작의 열기만은 잃지 않았고 그것으로 하루하루를 견뎌 냈다. 시 「지비」를 『카톨릭청년』에, 「정식」을 『조선중앙일보』에 각각 발표하며 자신의 존재를 이어 갔다.

하지만 너그럽지 못한 현실은 더욱 그를 옥죄어 왔다.

결국 위태롭던 다방 '제비'의 문을 닫을 수밖에 없었다. 효자동에 있는 집의 형편도 말이 아니었다. 어머니는 하루가 멀다 하고 여동생 옥희를 보내 생활비를 타 갔다. 그럴 때마다 이상은 여전히 있는 대로 다 털어 주고는 했지만 그것마저도 어렵게 되었다. 어떤 날은 동전 한 푼도 보낼 수가 없는 지경에까지 이르렀다.

'아, 무엇이 문제란 말인가? 어디서부터 잘못된 것인지…….'

이상은 평소 예민한 성격을 지닌 인물이었다.

자신의 그런 성격은 작품에 반영되어 드러나기도 했다. 하지만 현실에서의 생활은 나태하고 무기력하며 조금은 방탕했다. 신중한 자세로 현실과 맞서 싸우지도 맞서 싸울 준비도 돼 있지 않았다. 착

실히 돈을 모으거나 사업에 남다른 재주가 있는 것도 아니었다. 오히려 게으르고 난잡한 생활에 허덕일 때가 더 많았다.

금홍이와 함께 살았을 때의 일이다. 한번은 열 명이 넘는 젊은 손님들이 몰려든 적이 있었다. 그런데 의도적이었는지 계산을 하려고 보니 찻값이 터무니없이 모자랐다. 일단 외상을 하고 나중에 갚겠다고 하자 금홍이가 절대 안 된다며 입구를 막아섰다. 그 모습을

지켜보던 이상은 손님들을 그냥 돌려보냈다. 물론 갚지 않아도 괜찮다는 인사말까지 친절하게 덤으로 얹은 채였다.

화가 머리끝까지 난 금홍이가 씩씩대며 따져 물었다.

"가뜩이나 장사가 안 돼서 죽겠는데 왜 그냥 보냈어요?"

이상은 탁자 위의 빈 찻잔들을 치우며 특유의 궤변을 늘어놓았다.

"인간의 기본이 뭐야? 의식주라고. 입고 먹고 자는 거 사실 돈 받으면 안 되는 거야. 그나마 세 명 정도 찻값은 받았으니 우린 나름대로 죄인이고 그나마 조금은 그 죄를 씻은 셈이라고."

"뭐? 기, 기가 막혀서 말이 안 나오네……."

금홍은 어이가 없는 듯 이상을 노려보기만 했다. 어느 정도 사업에 대한 욕심은 있었지만 막상 현실 앞에서는 절실하지 못한 것도 그였다.

어쩌다 장사가 잘돼 그나마 금고에 돈이 채워지면 그날로 써 버리기도 했다. 물론 효자동에 생활비를 보태 주기도 했지만 대부분은 친구들과 어울려 술을 마시는 데 허비했다. 이상에게 있어서 내 일보다 중요한 것은 오늘을 만끽하며 보내는 일처럼 여겨질 정도였다. 행여 자신의 무분별한 생활 태도를 꼬집는 친구가 있으면 이상은 거침없이 소리쳤다.

"생활, 내가 오래전부터 생활을 갖지 못한 것을 나도 잘 알지. 하나 나를 찾아오는 생활 비슷한 것도 오직 고통이란 요괴뿐이야. 이것을 알아줄 사람은 한 사람도 없다고!"

결국 효자동 집을 처분할 수밖에 없었다. 가족들을 신당동 버티고 개 아래 오동나뭇골 빈민촌으로 옮기면서 이상은 마음이 무거웠다.

이상은 고집처럼 사업에 대한 미련을 버리지 못했다. 이번에는 인사동에 있는 카페 '쓰루(鶴)'를 인수하여 영업을 시작했다.

카페 쓰루에는 권순옥이라는 여종업원이 있었는데 보기 드문 엘리트였다. 사회주의 리얼리즘을 제창한 러시아 작가 막심 고리키의 전집을 빼놓지 않고 독파했다는 젊은 처녀였다. 이상은 한눈에 보석 같은 여자임을 알아차렸다. 하지만 이상에게 시급한 것은 여자보다는 사업이었다. 사랑도 딛고 설 수 있는 땅이 있어야 가능하다는 생각마저 품었다. 한 번의 사업 실패가 그를 조금은 변화시켰는지도 모른다.

이상은 어느 때보다 열심히 일을 했다.

새롭게 마음을 다져서일까, 주위의 우려와는 달리 카페는 비교적 잘 운영되었다. 이상은 생활비를 타러 오는 옥희의 얼굴을 똑바로 쳐다볼 수 있게 되어 무엇보다 기뻤다.

순옥도 자신의 일처럼 카페 일에 열심이었다. 그런 모습을 지켜봐 왔던 이상은 자신의 마음을 고백할 때가 되었다고 생각했다. 사실 그동안 순옥을 흠모해 왔었다. 순옥도 어느 정도 그런 이상의 눈빛을 읽고 있는 중이었다. 순옥도 이상에 대한 느낌이 나쁘지 않았다. 단지 이상은 구체적으로 마음을 전하지 못했으며 순옥 역시 기다리고 있는 분위기였다.

금홍이 미적인 부분을 채워 주었다면 순옥은 지적인 면을 엿볼 수 있게 하는 여자였다. 이상에게 금홍은 늘 타인이지만 절실한 사랑이었다. 또한 자신의 사랑이면서 언제 떠날지 모르는 사람이기도 했다. 그런데 순옥에게서는 보다 깊은 곳까지 도달할 수 있는 동반자와 같은 느낌을 강하게 받았다.

금홍이 자신을 무기력화시키고 어둡고 눅눅한 방에 가둬 두는 인물이었다면 순옥은 그 반대라는 생각이 들었다. 어쩌면 이상 자신에게 '날개'라도 달아 줄 희망과도 같은 존재로 비쳤을지도 모른다.

하지만 이상은 선뜻 자신의 마음을 전하지 못했다. 무엇보다 중요한 현실에서의 안정이 절실했기 때문이었다. 이상은 하루 종일 카페 일에 매달리며 열성을 보였다.

이상의 달라진 모습 때문이었을까. 카페는 연일 손님들로 북적였다.

그중 절반은 언제나 이상의 친구이거나 지인들이었다. 그중에서도 정인택은 거의 하루도 거르지 않고 출근하다시피 카페에 들렀다. 정인택은 1930년 소설 「나그네 두 사람」을 발표하면서 문단에 나온 기자 출신의 소설가였다. 그를 알게 된 것은 박태원을 통해서였다. 정인택은 박태원과 중학교 동창이었다.

그런데 정인택이 매일 카페에 모습을 보이는 이유를 이상은 곧 알게 되었다. 정인택은 평소 카페에 들어서자마자 이상에게는 눈인사만 대충 건네고 두리번거렸다. 처음에는 몰랐는데 그의 시선이 늘 머무는 곳은 바로 순옥의 일거수일투족이었다.

자리에 앉아서도 온갖 핑계를 대며 그녀와 대화를 나누려는 모습이 종종 눈에 들어왔다. 처음에는 매력적인 여자에게 누구나 품을 수 있는 관심이라고 여겼다. 하지만 정인택의 경우는 그 정도를 넘어서 매우 적극적이었다. 밤늦도록 자리를 차지하고 앉았다가 퇴근하는 순옥을 따라 나가기도 했다.

그런데 언제부터인가 두 사람 사이가 썩 원만하지 못한 듯했다. 어느 날 카페에 들른 정인택의 얼굴색이 다른 날과는 사뭇 달랐다. 그는 혼자 젖은 솜뭉치처럼 앉아 술을 마시기 시작했다. 그날따라 순옥에게는 눈길조차 주지 않았다. 입구 쪽에 앉아 그를 바라보는 이상은 두 사람 사이에 무슨 문제가 있었음을 직감했다.

결국 일이 터지고 말았다. 그날 만취되어 집으로 돌아간 정인택이 수면제를 마구 삼켜버린 것이다. 다행히 일찍 발견되어 병원으로 옮겼고, 위세척을 해서 목숨은 구했다. 그 소식을 들은 이상은 묘한 기분이었다. 두 사람 사이에 자신이 끼어 그런 일이 벌어진 것만 같은 죄책감마저 들었다.

다음 날 출근한 순옥에게 이상은 자신의 진심을 털어놓았다.

"어쩌면 정인택이라는 친구가 더 솔직했는지도 모르겠소. 나는 그저 마음속으로만 품었지만 그 친구는 목숨까지 내놓을 정도로 열정을 보였으니까."

이상은 순옥에게 정인택이 입원한 병원에 가 볼 것을 부탁했다. 순옥은 머뭇거렸다. 이상의 눈빛을 오래 확인하듯 바라보던 그녀가 어렵게 입을 열었다.

"그럴지도 모르죠. 자신의 마음을 솔직히 전할 수 있다는 것이 행복일 수도 있을 테니까요."

그녀도 마음을 굳힌 듯 약간 경직된 얼굴로 돌아섰다.

순옥의 간호를 받은 정인택은 생각보다 빨리 회복되었다. 이상은 정인택이 퇴원하자마자 서둘러 순옥과 결혼을 시키는 데 앞장을 섰다. 두 사람은 신흥사라는 절에서 결혼식을 올렸다.

이상은 후회하지 않았다.

순옥을 향해 애틋한 마음을 품었던 것만은 사실이었다. 그러나 쉽게 그것을 전할 수가 없었던 것은 실연에 대한 두려움 때문이었다. 사랑했던 금홍과 헤어지면서 받았던 허탈과 무기력을 두 번 다시 경험하고 싶지 않았다. 또한 사랑보다 현실의 문제가 더 절실하게 자신의 발목을 잡고 있었기 때문이기도 했다.

순옥이 카페를 그만두자 이상하게 손님의 발길이 드물어졌다. 처음에는 일시적인 일이라고 흘려 넘겼지만 날이 갈수록 눈에 띄게 줄어들었다. 또다시 다방 제비의 악몽이 되살아나는 것만 같아 이상은 전전긍긍이었다. 결국 불길한 예감은 현실로 닥치고야 말았다. 카페 쓰루마저 문을 닫을 수밖에 없었다.

권태로부터의 탈출

이상은 명동으로 나가 다방 '무기'를 개업했다. 그러나 이상에게
는 처음부터 사업의 운이 없는 듯했다. 그 역시 얼마 버티지 못하고
문을 닫아야 했다.

"허, 이 시대의 천재이자 모더니즘의 기수이고 전위 예술의 선구

자인 내가 이대로 물러설 수는 없지. 내 비록 각혈을 밥 먹듯 하고 미치도록 자살하고 싶은 마음으로 살고는 있지만 아직은 아냐! 아니라고!"

　이상은 실성한 사람처럼 하늘에 대고 소리를 질러 댔다. 그러나 아무런 대답조차 없는 외침일 뿐이었다.

　이상은 무기력을 넘어선 끝없는 자괴감에 한동안 일어설 수가 없었다.

　어두운 셋방에 틀어박혀 아무것도 하지 않았다. 아침에 잠깐 모습을 보이다 이내 사라지는 창문만 한 햇살이 유일한 벗이었다. 그나마 햇살이 가고 나면 이상은 이불을 뒤집어쓴 채 시체처럼 움직이지 않았다.

무기력한 자신과는 반대로 요지부동의 얼굴로 존재하는 세상. 깊은 좌절이었다. 허탈감이 목을 조르는 것 같아 숨을 쉴 수가 없었다. 단편소설「날개」에서 이상은 이때의 심정을 잘 묘사하고 있다.

　나는 내가 지구 위에 살며 내가 이렇게 살고 있는 지구가 질풍신뢰의 속력으로 광대무변의 공간을 달리고 있다는 것을 생각했을 때 참 허망하였다. 나는 이렇게 부지런한 지구 위에서는 현기증도 날 것 같고 해서 한시바삐 내려 버리고 싶었다.

　그러나 죽을 수가 없었다.

　이상이 다시 일어선 것은 열흘이나 지난 뒤였다. 구본웅과 함께 새로운 세상을 호흡하기 위해 여행을 떠났던 그때처럼 어디론가 가고 싶었다.

　여행 가방을 꾸렸다.

　그가 향한 곳은 평안남도 성천이었다. 성천은 대동강의 지류인 비류강 왼쪽 기슭에 자리하고 있는 곳이었다. 풍경이 아름답고 고적이 많으며 온천으로도 유명했다.

　이곳에서 이상은 그의 가장 뛰어난 수필이라고 평가되는「권태」와「산촌여정」의 소재를 얻게 된다.

　「권태」는 한적한 벽촌을 배경으로 여름날의 권태로운 풍경을 다루고 있다. 이 작품은 전위적인 문학 양식을 통해 이상의 정신을 잘 드러내 주고 있다.

숨이 막힐 정도로 무더운 한여름, 주변이 온통 초록색 천지인 단조로운 시골 풍경으로부터 이상의 절망은 시작된다. 화자는 낮잠을 자고 이상하게 짖지 않는 개와 되새김질하는 소의 모습 등에서 권태를 느낀다. 결국 마을 아이들의 희한한 놀이를 보며 돌파구를 찾으려고 한다. 몇몇의 마을 아이들이 앉아서 '똥누기 놀이'를 하는 모습이다.

그들은 도로 나란히 앉는다. 앉아서 소리가 없다. 무엇을 하나. 무슨 종류의 유희인지, 유희는 유희인 모양인데…… 이 권태의 왜소 인간들은 또 무슨 기상천외의 유희를 발명했나.

5분 후에 그들은 비키면서 하나씩 둘씩 일어선다. 제각각 대변을 한 무더기씩 누어 놓았다. 아, 이것도 역시 그들의 유희였다. 속수무책의 그들 최후의 창작 유희였다. 그러나 그중 한 아이가 영 일어나지를 않는다. 그는 대변이 나오지 않는다. 그럼 그는 이번 유희의 못난 낙오자임에 틀림없다. 분명히 다른 아이들 눈에 조소의 빛이 보인다. 아, 조물주여! 이들을 위하여 풍경과 완구를 주소서.

이상은 절망에 빠진 자신의 모습을 '똥누기 놀이'를 하는 아이들에게 투영시키고 있다.

수필 「권태」에서 두드러지는 것은 이상의 독특한 문체이다. 사적이며 서정적인 그 당시 수필과는 달리 이상은 지극히 사색적인 문체를 사용했다. 비유와 은유 그리고 유머와 위트 등으로 자기만의 색깔을 담고 있다. 또한 아이러니와 패러독스 그리고 냉소와 빈정거림으로 기존의 점잖고 기품 있는 표현 형식을 벗어 버린 것이다. 「산촌여정」에서도 이상 특유의 문체와 정서를 엿볼 수 있다.

아침에 볕에 시달려서 마당이 부스럭거리면 그 소리에 잠을 깹니다. 하루라는 '짐'이 마당에 가득한 가운데 새빨간 잠자리가 병균처럼 활동합니다. 끄지 않고 잔 석유등잔에 불이 그저 켜진 채 소실된 밤의 흔적이 낡은 조끼 '단추'처럼 남아 있습니다.

(중략)

옥수수밭은 일대 관병식(觀兵式)입니다. 바람이 불면 갑주(甲冑) 부딪치는 소리가 우수수 납니다. 카민(carmine: 연지벌레의 암컷에서 뽑아 정제한 붉은 색소) 빛 꼬꼬마가 뒤로 휘면서 너울거립니다. 팔봉산에서 총소리가 들렸습니다. 장엄한 예포 소리가 분명합니다. 그러나 그것은 내 곁에서 소조(小鳥)의 간을 떨어뜨린 공기총 소리였습니다. 그러면 옥수수밭에서 백, 황, 흑, 회, 또 백, 가지각색의 개가 퍽 여러 마리 열을 지어서 걸어 나옵니다. 센슈얼한 계절의 흥분이 이 코사크

(cossack: '카자흐스탄'의 영어식 이름) 관병식을 한층 더 화려하게 합니다.

산삼이 풀어져 흐르는 시내 징검다리 위에는 백채(白菜) 씻은 자취가 있습니다. 풋김치의 청신한 미각이 안약 '스마일'을 연상시킵니다. 나는 그 화성암으로 반들반들한 징검다리 위에 삐뚜러진 N자로 쪼그리고 앉았노라면 시야에 물동이를 이고 주저하는 두 젊은 새악시가 있습니다. 나는 미안해서 일어나기는 났으면서도 일부러 마주 보면서 그리로 걸어갑니다.

(중략)

근심이 나를 제(除)한 세상보다 큽니다. 내가 갑문(閘門)을 열면 폐허가 된 이 육신으로 근심의 조수(潮水)가 스며들어 옵니다. 그러나 나는 나의 마조히스트 병마개를 아직 뽑지는 않습니다. 근심은 나를 싸고 돌며 그러는 동안에 이 육신은 풍마우세(風磨雨洗)로 저절로 다 말라 없어지고 말 것입니다.

밤의 슬픈 공기를 원고지 위에 깔고 창백한 동무에게 편지를 씁니다. 그 속에는 자신의 부고(訃告)도 동봉하여 있습니다.

이상은 어쩌면 이곳을 여행하면서 일본으로 갈 계획을 세웠는지도 모른다.

이듬해인 1936년 홀연 일본 동경으로 떠나게 되는데 물론 새로운 재기를 위해서였다. 권태로운 일상과 끝이 보이지 않는 투병에서 오는 좌절로부터 탈출하고자 했다. 조금이라도 병을 치유할 수 있다면 현실을 보다 또렷하게 볼 수 있을 것 같았다. 반대로 변화된 일상에서 현실을 다지다 보면 지긋한 투병을 끝낼 수 있을 것만 같다는 생각도 있었다.

동경에서 숨을 거두기 전에 유서처럼 열정을 다해 집필한 것이 바로 수필 「권태」이기도 하다.

여행을 마치고 1936년 3월 경성으로 돌아온 이상은 우선 취직을 해야겠다고 결심했다.

그는 구본웅을 만난 자리에서 부탁을 했다.

"구형 아버지께서 하는 인쇄소 있지? 거기서 일을 좀 하고 싶은데 어떤가?"

이상은 조금도 망설이거나 주눅 든 태도가 아니었다. 평소 그런 이상을 좋아하던 구본웅은 흔쾌히 약속을 했다.

"역시 자네는 죽지 않았어. 아니 죽으려면 아직 멀었다니까. 허허허……."

그리하여 이상은 구본웅의 아버지가 경영하는 인쇄소, 창문사에 교정원으로 취직하게 되었다.

4장

날개를 품고 잠들다

구인회와 김유정

1936년, 구인회를 사실상 이끌어 간 사람은 이상과 박태원이었다. 다른 사람들은 먹고살기 바쁘다는 핑계로 시간을 내지 못했다. 그러나 두 사람은 직업 없이 놀고 있었기 때문에 모든 잡무를 도맡다시피 했다. 이태준이 감독을 했고 그 지시에 따라 두 사람이 움직였는데, 그중에서도 이상이 더욱 열성이었다.

이상이 창문사에 취직한 것이 동인지 『시와 소설』을 발간하게 되는 계기가 되었다. 창문사에서 공짜로 인쇄를 할 수 있었기 때문이었다. 그해 첫 호를 발간한 『시와 소설』은 그러나 얼마 후 이상이 창문사를 그만두는 탓에 더는 이어지지 못했다.

이상은 2월에 『카톨릭청년』에 시 「가정(家庭)」을 발표한다.

문을암만잡아당겨도안열리는것은안에생활이모자라는까닭이다. 밤이사나운꾸지람으로나를졸른다. 나는우리집내문패앞에서여간성가신게아니다. 나는밤속에들어서서제웅처럼자꾸만감(減)해간다. 식구(食口)야봉(封)한창호(窓戶)어디라도한구석터놓아다고내가수입(收入)되어들어가야하지않나. 지붕에서리가내리고뾰족한데는침(鍼)처럼월광(月光)이묻었다. 우리집이않나보다. 그리고누가힘에겨운도장을찍나보다. 수명을헐어서전당잡히나보다. 나는그냥문고리에쇠사슬늘어지듯매달렸다. 문을열려고안열리는문을열려고.

이상은 자신과 가정, 즉 '가족'의 관계를 밝히고 있다. 자신은 비로소 가정과 연결된 상태지만 아직도 완벽한 결합을 이루지 못하고 있다. 단절감을 극복하고 화합하기를 원하지만 고통의 연속이며, 끝내 불가능한 일로 묘사된다. 그가 바라보는 '가정'은 몹시 가난하며 답답한 현실 속에 놓여 있는 것이다.

이상이 창문사에서 일을 할 무렵 김유정과 매우 가깝게 지냈다.

김유정이 문단에 나오게 된 것은 1935년 『조선일보』와 『조선중앙일보』 두 신춘문예를 통해서였다. 단편소설 「소낙비」와 「노다지」가 각각 일등으로 동시에 당선되어 문단의 주목을 받기에 충분했다. 김유정은 곧 잡지 『개벽』 3월호에 「금 따는 콩밭」을 발표했다. 또한 연이어 「떡」과 「만무방」, 「산골」 그리고 그의 대표작인

「봄봄」을 발표하며 신진 작가로 화려하게 문단에 등장한 것이다.

김유정은 거의 날마다 창문사로 이상을 찾아왔다. 그는 한쪽 구석에 우두커니 말없이 앉았다가 퇴근 시간이 되면 기다렸다는 듯 술타령을 했다.

"오늘도 한잔합시다."

그럴 때면 이상은 너그러운 웃음을 지으며 거절하려고 애를 썼다. 사실 그 무렵 김유정도 이상처럼 폐결핵을 앓고 있었기 때문이었다. 그런데도 김유정은 기회만 생기면 술을 마셨고 술을 마시기 위해 친구들을 찾았다. 이상은 더 이상 만류할 수가 없었다. 왜냐하면 자신 역시 그런 생활에서 완전히 벗어나지 못했기 때문이다.

그런데 김유정의 경우 심각할 정도로 병이 악화되었다. 거동조차 힘들어진 그는 정릉에 있는 절로 들어가 아예 자리에 눕고 말았다.

이상이 절로 병문안을 갔을 때였다. 겨우 힘겹게 일어나 앉은 김유정의 몰골은 형편없었다. 제대로 먹지도 못한 탓인지 뼈만 남은 앙상한 모습에 이상은 측은한 마음이었다.

"각혈은 어떻소?"

이상의 물음에 김유정이 아이처럼 천진스럽게 웃었다.

"여전하오. 그날이 그날 같고……."

"치질도 여전하시오?"

"그놈도 그날이 그날 같소."

두 사람은 잠시 서로의 얼굴을 바라보았다.

"내가 문학을 시작해서 이런 몹쓸 병이 찾아온 거라고 생각한 적은 없소. 쿡쿡쿡, 오히려 문학을 하게 도와준 안회남이 고마울 따름이지."

김유정은 기침을 섞어 가며 어렵게 말을 이었다.

1908년에 태어난 김유정은 재동보통학교를 졸업하고 1923년에 휘문고등보통학교에 입학했었다. 그때 같은 반에서 만난 친구가 안회남이었다.

안회남의 본명은 필승으로 1909년 서울에서 태어났다. 신소설 「금수회의록」을 쓴 안국선의 외아들이며, 1931년 『조선일보』 신춘문예에 단편소설 「발」이 입선되어 문단에 나왔다. 안회남은 훗날 1948년에 월북한 뒤 『민주조선』의 문화부장을 지내고 6·25전쟁 때 종군 작가로 서울에 오게 된다. 1953년 임화가 숙청될 때 절친한 사이라는 이유로 곤욕을 치른다. 그 후 1960년대 중반에 결국 숙청당한 것으로 알려져 있다.

어쨌든 휘문고보를 다닐 무렵만 해도 김유정에게는 아버지가 물려준 유산이 남아 있었다. 그래서 바이올린도 배우고 야구와 스케이트를 즐기는 등 여유가 있었다. 그때부터 문학에도 관심이 있어 러시아 작가의 소설들을 탐독했다.

1927년 휘문고보를 졸업한 그는 연희전문학교(연세대학교 전신)

문과에 입학했다. 다음 해에 학교를 그만두었는데 더 이상 배울 것이 없다는 게 이유였다. 하지만 사실은 힘들어진 학비조달은 물론 늑막염과 치질로 몸 상태마저 좋지 않았기 때문이었다.

가세가 기울어진 가족들은 서울 집을 처분하고 강원도 춘성으로 낙향했다. 혜화동에 셋방을 얻어 자취를 하고 있던 김유정은 더욱 암담해졌다. 결국 고민 끝에 그도 춘성으로 내려가 실레 마을에 야학교를 열었다. 그곳에서 김유정은 활발한 활동을 벌였는데, 이광수의 『흙』이나 심훈의 『상록수』보다 앞서서 농촌 운동을 일으켰다고 스스로 자랑할 정도였다.

그 후 김유정이 문단에 나오게 된 것은 1935년으로 친구인 안회남의 힘이 한몫을 했다. 안회남은 홀어머니와 가난한 생활을 하면서도 문학에 뜻이 있어 김유정과 의기투합을 했다. 그때부터 안회남은 김유정을 찾아와 함께 술을 마시면서 밤새 문학에 대해 토론하기도 했다.

"술이 문제였다는 생각이 드오. 내가 술을 마시게 된 것은 휘문고보 시절 박녹주라는 기생을 알고부터였소. 그녀에게 연정을 품었지만 중학생의 몸이었고 무엇 하나 사랑을 이끌어 갈 매력도 힘도 내게는 없었소. 그래서 그녀는 나를 무시했고 어린아이 취급을 했던 것이 아직도 가슴에 사무치고 있소."

김유정이 중학생 신분으로 열렬히 짝사랑했던 박녹주는 판소리의 여류명창이었다. 여러 군데 레코드사에서 음반을 취입하는 등 누구나 알아주는 인물이기도 했다. 그런 박녹주를 김유정은 마음속에 품고 혼자서 끙끙댔던 것이다. 김유정은 그녀에게 매일 한 통씩 편지를 보내 자신의 마음을 전했다. 하지만 그녀는 어린 김유정을 거들떠보지도 않았다.

"난 끝까지 당신을 사랑할 것이오. 당신이 이 사랑을 저버린다면 내 손에 죽을 줄 아시오. 이런 편지까지 써 보냈지만 아무 소용이 없었소."

이상은 김유정의 말을 조용히 듣고만 있었다. 어딘가 모르게 자신과 닮아 있다는 생각이 들었다.

"그때부터 매일 폭음을 했소. 그 결과 지금 이런 몰골로 절간에 틀어박힌 송장 신세가 되고 말았소. 쿡쿡쿡, 우훕!"

갑자기 김유정이 상체를 앞으로 숙이더니 각혈을 하기 시작했다. 엄청난 각혈이었다.

"어서 이리로 누워요."

이상이 얼른 김유정을 양팔로 안아 자리에 눕혔다. 김유정은 기진맥진해서 무너지듯 쓰러졌다. 김유정이 가쁜 숨을 고르는 것을 지켜보던 이상이 말했다.

"김 형, 우리 그러지 말고 자살합시다."

순간 김유정의 두 눈이 퉁방울만 하게 변했다. 단순히 농담을 하는 것처럼 보이지 않았는지 김유정은 거의 사색이 되다시피 했다. 이상이 다시 굳어진 얼굴을 들이밀며 목소리를 높였다.

"같은 천재끼리 죽읍시다!"

김유정이 힘없이 대구했다.

"난 못 죽어요."

"왜요. 미련이 많소?"

"지긋지긋하게 나를 괴롭힌 게 치질이었소. 그게 완치되는 걸 보고 죽으면 죽었지……."

김유정은 이상의 말을 농담처럼 받아넘기려고 했다. 그러면서도 줄곧 비장함이 묻어 있는 이상의 표정을 힐끔힐끔 살폈다.

이상이 정말 곧 죽을 사람처럼 심각한 얼굴을 한 채 돌아간 뒤였다. 김유정은 자꾸 마음에 걸려 안절부절 못했다. 이상을 뒤쫓아 가고 싶었지만 그럴만한 기력도 없어 난감하기만 했다.

저녁 무렵에 얼큰하게 취한 안회남이 문병을 오자 김유정이 다급하게 소리쳤다.

"아무래도 이상해. 아까 이상이 다녀갔는데 자꾸 같이 죽자는 말을 하잖아. 자네가 얼른 박태원이나 정인택에게 연락해서 집으로 가 보라고 해."

안회남도 불길한 예감이 들어 그 길로 정인택을 앞세우고 이상의 집을 찾아갔다. 그런데 이상은 아무렇지도 않은 얼굴로 국수를

삶아 먹고 있었다. 두 사람이 찾아온 이유를 급하게 설명하자 이상은 국수 가락을 튀겨 가며 껄껄 웃어 댔다.

"하하하. 김유정과 이상의 찬란한 정사라! 아까는 그런 생각이 불현듯 났지만 곧 포기했으니 염려들 마시오. 그 대신 난 곧 일본으로 떠나오. 거기 가서 일곱 가지 외국어를 배워 올 생각이오."

이상의 말에 두 사람은 서로 얼굴만 바라보다 이내 큰 소리로 웃기 시작했다.

폐결핵이라는 같은 병을 앓고 있는 이상과 김유정은 서로를 생각한 듯했다. 동병상련이라는 처지에서 볼 때 이상은 어떤 의미로든 김유정에게 힘을 주고자 했는지도 모른다. 한편 김유정 역시 이상을 아끼는 마음이라 걱정을 했을 것이다.

그 후 정릉에 있는 절에서 나와 마땅히 갈 곳이 없던 김유정은 경기도 광주에 있는 다섯째 누나 집으로 향했다. 누나 역시 궁핍하기는 마찬가지여서 약도 제대로 못 쓰는 터라 김유정의 병은 더욱 악화되었다.

결국 1937년 누나와 매부가 지켜보는 가운데 김유정은 눈을 감았다. 이상이 동경에서 죽기 약 한 달 전의 일이었다. 친구들은 박녹주에게 김유정의 부음을 전했다. 엽서에는 '김유정을 죽인 것은 바로 박녹주 너!'라는 비수 같은 말도 잊지 않았다.

사랑에 실패한 채 결혼도 못하고 떠돌이 생활을 하던 김유정은 이상처럼 젊은 나이에 세상을 등지고 말았다.

　김유정은 쓸쓸한 일생을 보냈는데 그가 작가로 활동한 것은 1935년부터 1937년까지의 3년 동안이고, 작품 수도 30여 편에 불과하다. 하지만 모두 주옥같은 명작이며 농촌 문학이라는 새로운 경지를 개척했다고 비평가들은 말한다. 그가 남긴 단편소설 「봄·봄」은 우리나라 농촌의 토속적인 미학의 완성이라고까지 극찬한 비평가도 있다.

날개야, 다시 돋아라

봄 햇살이 완연한 어느 날 이상은 동인지 『시와 소설』 1집을 내고는 창문사를 나오게 되었다.

이상의 발길은 어느새 신당동 쪽으로 향하고 있었다. 곧 쓰러질 것만 같은 판잣집들이 즐비한 그곳 빈민가에서 이상은 버섯처럼 살고 있는 가족을 찾았다. 정말 그들은 버섯과도 같은 존재였다. 광합성을 통해 스스로 양분을 만들지 못하고 기생하며 그늘 속에 살아가는 존재.

가난이 자신의 탓은 아니라고 생각했던 이상이었다. 가난은 능력 없는 부모가 형성해 놓은 유일한 터전이라고 여겼다. 하지만 시간이 지남에 따라 이상은 깊은 회의에 빠져들었다. 그토록 갈망했

던 가족이었고, 더군다나 자신은 장남이 아니던가. 결과적으로 자신 역시 가난의 깊은 골을 만들고 있는 장본인이며, 가난을 떨쳐 내지 못하고 있는 무능한 장남에 불과했다.

버섯 같은 가족들은 곧 자신의 자화상이었다.

동생들은 밥벌이를 위해 나갔고 부모만 햇빛도 들지 않는 방에 힘없이 앉아 있었다. 그런데 손님이 있었다.

"저 기억하시죠?"

이상은 잠시 먹먹했다. 기억은 하겠는데 왜 그녀가 이곳에 와 있는지 도통 감을 잡을 수가 없어서였다. 나중에 여동생 옥희에게 들

은 바로는, 그동안 그녀는 이상 모르게 신당동 집을 수시로 드나들었다는 것이다. 특히 남동생인 운경과는 친구처럼 가깝게 지내는 사이라고 했다.

이상이 그녀를 데리고 밖으로 나왔다. 훈훈한 봄바람을 맞으며 나란히 걷던 이상이 그녀에게 물었다.

"구 형은 잘 있소?"

이상이 오랜만에 만난 변동림에게 뜬금없이 구본웅의 소식을 물은 것은 조금 어색해서였다. 딱히 그녀에게 해 줄 말이 없었다.

"예. 동경에서 전람회를 갖고 곧 귀국한다는 소식을 들었어요.

귀국한 후에는 서화협회 전람회 준비를 한다더군요."

변동림은 차분한 목소리로 대답했다. 그녀는 더 이상 전에 보았던 앳된 소녀가 아니었다. 그녀는 경성여자고등보통학교를 거쳐 이화여자전문학교(이화여자대학교 전신) 영문과를 졸업했다. 이상과 다시 만난 그 무렵에 그녀는 수필을 발표하는 등 문학 활동을 하고 있었다. 훗날 김향안이라는 이름으로 미술 평론도 하는데 어쨌든 그 당시 재능 있는 엘리트 여성 가운데 한 사람이었다.

사실 이상도 그녀에 대한 소식은 몇 번 지면을 통해 접한 적이 있었다. 그런데 이해되지 않는 것은 왜 그동안 자신 모르게 신당동 집을 드나들었냐는 것이었다.

이상의 표정을 읽었는지 그녀가 먼저 입을 열었다.

"저처럼 오랫동안 당신을 멀리서 지켜본 사람은 없을 거예요."

"……."

"물론 신문이나 잡지를 통해 당신의 글들을 빼놓지 않고 만나 왔죠. 그림도 그렇고요. 그런데 어느 순간부터 당신의 모든 것을 알고 싶다는 생각이 들었어요. 직접 당신을 만나는 것도 좋지만 가족들을 먼저 보고 싶었어요."

이상은 마치 발가벗겨진 사람처럼 부끄러운 생각이 치밀었다. 그런데 이상했다. 이상은 여자에게서 한 번도 경험해 보지 못한 낯설면서도 싫지 않은 감정에 잠시 굳어졌다. 금홍이나 순옥에게서는 얻어낼 수 없었던 또 다른 감정이었다.

그것은 유년 시절에 항상 부족하다고 느꼈던 모성애와도 같은 것이었다. 이상은 변동림에게서 강한 모성애를 느끼고는 그런 자신을 의심하고 있었다. 느낌은 틀리지 않았다. 그녀와 헤어진 뒤부터 이상의 머릿속을 지배하기 시작한 것이 바로 그것이었다.

을지로 근처 수하동으로 이사를 한 이상은 그곳에서 변동림과 새로운 보금자리를 만들었다. 길지 않은 교제 기간이었지만 두 사람은 마음을 여는 데 적극적이었고 서로가 절실하게 원한 결과였다. 6월에는 신흥사에서 형식적이지만 결혼식까지 올렸다. 그날 구인회 동인들이 몰려와 축하를 해 주기도 했다.

변동림과의 새로운 생활은 이상에게 있어서 다시 한 번 세상을 향해 날고 싶은 욕망을 다지는 계기가 되었다. 변동림 역시 이상의 삶과 문학에 적지 않은 영향을 끼쳤다. 그녀에 대한 이야기는 「단발」, 「실화」, 「동해」, 「종생기」 등에 나온다. 그녀를 소녀 혹은 임(姙), 정희, 연 등 여러 호칭으로 표현하고 있기도 하다.

그 무렵 이상은 참았던 숨을 토해 내듯 많은 작품을 발표하게 된다. 시 「지비 1·2·3」, 「역단」과 수필 「서망율도」, 「조춘점묘」, 「가외가전」, 「여상」, 「추등잡필」 등이다. 또한 단편소설 「지주회시」와 그의 대표작이기도 한 「날개」도 그 무렵 세상에 나오게 된다.

「지주회시」에 등장하는 '그'는 카페 R회관의 여종업원인 아내(나

미꼬)를 뜯어먹고 사는 인물이다. 한편 아내는 카페에서 손님들의 주머니를 노리며 생활을 이어간다. 또한 'A취인점' 주임으로 있는 오 군은 '그'의 친구인데 R회관 여종업원인 마유미를 갈취하며 산다. '그'와 '아내' 그리고 '오 군'은 살찐 인간들이 걸려들기를 기다렸다가 순식간에 덮쳐 피를 빨아먹는 독거미 같은 존재들이다.

어느 날 '그'의 아내는 'A취인점' 전무인 뚱보 신사가 자신을 말라깽이라고 자꾸 놀리자 뚱뚱한 양돼지라고 되받아친다. 술에 취한 전무는 화가 나서 그녀를 층계 위에서 밀어 버린다. 그녀는 부상을 당하고 이를 목격한 R회관 종업원들이 경찰에 신고를 한다. 구속된 뚱보 신사는 그녀와 '그'를 무마시키려고 애를 쓴다.

'그'는 모든 게 귀찮다는 듯 아내를 데리고 집으로 온다. 그런데 뚱보 신사가 오 군을 통해 아내에게 20원을 전해 준다. 아내는 공돈이 생겼다며 좋아하면서 그중 10원을 '그'에게 준다. 아내가 피곤해서 잠든 것을 확인한 '그'는 돈 20원을 들고 안개가 흐릿하게 깔린 밤에 마유미를 만나기 위해 카페로 달려간다.

심리 소설로 분류되는 이 작품은 금전만능 풍조에서 비롯된 인간성의 파멸과 퇴폐적인 인간관계를 다루고 있다. 또한 의식의 흐름을 기본 틀로 삼은 독백과 내면 의식이 지배적인 작품이다. '지주'는 거미를 뜻하고, '시'는 돼지를 상징한다. '거미 한 쌍이 돼지를 만나다'라는 의미이다. '그'는 카페 여종업원인 아내를 뜯어먹고 살고, 아내는 손님들의 주머니를 노리며 산다. 이들 두 거미에게 뚱보 양돼지 전무가 다시 뜯어먹히는 사건이 기본 줄거리가 된다.

이 작품은 이상의 자전적인 요소가 매우 강한 소설이기도 하다. 이상은 자신이 아내에게 기생해서 사는 현실과 유폐된 자신의 내면 심리를 특이한 기법을 구사하여 적나라하게 보여 주고 있다. 또한 띄어쓰기를 무시했으며 현실과 무의식의 세계를 넘나드는 문장을 사용했다.

1930년대 소설에서 두드러지는 것은 지극히 개인적인 모더니즘 경향이다. 개인의 의식과 경험을 다양한 서술 기법을 통해 드러낸다. 집단적인 이념이나 가치에 휩쓸리기보다는 개별화된 내면 의식을 보여 주는 것이 특징이다. 이 소설은 한국 현대 문학사에 본격적인 모습을 갖추고 나타난 모더니즘 소설 혹은 심리주의 소설이라는 데 그 의의가 있다.

한편 "박제가 되어 버린 천재를 아시오? 나는 유쾌하오. 이런 때는 연애까지 유쾌하오"로 시작되는 「날개」는 금홍과의 생활에서 나온 소설이다.

굿바이. 그대는 이따금 그대가 제일 싫어하는 음식을 탐식하는 아이러니를 실천해 보는 것도 좋을 것 같소. 위트와 패러독스와…….

그대 자신을 위조하는 것도 할 만한 일이오. 그대의 작품은 한 번도 본 일이 없는 기성품에 의하여 차라리 경편(輕便)하고 고매(高邁)하리라.

소설과는 연관이 없는 넋두리에 가까운 말을 앞에 내세운 것도 특징이다. 이는 자신을 이해 못하는 독자나 비평가들을 향해 의도적으로 내세운 독설이 아닌가 싶다.

이상의 많은 소설이 그렇듯 「날개」 역시 자신의 모습이 작품 속 주인공을 통해 형상화되어 있다. 소설 속의 남편인 '나'는 아내에게 빌붙어 사는 아주 무능력한 인물이다. '나'는 높은 의식을 가진 지식인이지만 생활력이 전혀 없다.

이상 자신이기도 한 '나'는 홍등가 33번지의 18가구 가운데 방 하나를 빌려 산다. 비록 겉으로는 가장의 모습이지만 그 역할을 제대로 못하는 '나'는 아내를 위해 밖으로 나돌 수밖에 없다. 밤낮으로 찾아오는 아내의 손님들 때문이다. 손님들이 아내와 술을 마시고 웃음을 나누는 동안 방을 내주어야 한다.

집을 나선 '나'는 방향 없이 낡은 단벌 코르덴 양복을 입은 채 시내를 배회하다가 지쳐 돌아오기를 계속한다.

그러던 어느 날 문득 현기증으로 인해 의식이 날개를 펼치는 착각에 빠지게 된다.

이때 뚜우 하고 정오 사이렌이 울었다. 사람들은 모두 네 활개를 펴고 닭처럼 푸드덕거리는 것 같고 온갖 유리와 강철과 대리석과 지폐와 잉크가 부글부글 끓고 수선을 떨고 하는 것 같은 찰나! 그야말로 현란을 극한 정오다.

나는 불현듯 겨드랑이가 가렵다. 아하, 그것은 내 인공의 날개가 돋았던 자국이다. 오늘은 없는 이 날개, 머릿속에서는 희망과 야심이 말소된 페이지가 딕셔너리 넘어가듯 번뜩였다.

나는 걷던 걸음을 멈추고 그리고 일어나 한번 이렇게 외쳐 보고 싶었다.

날개야 다시 돋아라.

날자. 날자. 날자. 한 번만 더 날자꾸나.

한 번만 더 날아 보자꾸나.

특히 국어의 수사법을 공부할 때 '점증법'의 대명사처럼 되어 있는 것이 마지막 부분이다.

이상의 기발한 상상력과 뛰어난 문장 처리가 돋보이는 소설이기도 하다. 의식의 흐름을 활용한 심리주의적 소설을 쓴 그가 첨단의 길을 걸었던 것은 사실이다. 자신의 무력감과 심리적 갈등을 주제로 삼은 채 높은 경지로 끌어올린 수작임에는 틀림없다.

「날개」 속에 등장하는 '나'는 직업이 없는 지식인으로 매춘을 하는 아내 곁에서 기생하는 존재이다. 늘 권태롭고 무기력한 삶을 이어 가고 있지만 내면에는 세상으로 돌아가고자 하는 희망이 아직 남아 있다. 그런 '나'의 모습은 식민지 시대를 살아가는 무기력한 지식인의 실상을 그대로 보여 준 것이다.

반면에 매춘을 하는 '아내'는 남편인 '나'와는 달리 적극적이며 현실적인 인물이다. '나'와는 대조적인 인물이며, '나'와는 대화나 소통을 전혀 하지 않고 있다. 두 사람은 결국 보통의 평범한 남녀 관계와는 다른 설정 속에 있다. '나'는 내성적이고 수동적인 데 반해 '아내'는 외향적이고 능동적이다.

이상은 아내와 살고 있는 방의 구조를 통해 서로가 상반된 위치임을 선명하게 드러내 주고 있기도 하다.

이런 이 방이 가운데 장지로 말미암아 두 칸으로 나뉘어 있었다는 그것이 내 운명의 상징이었던 것을 누가 알랴?

아랫방은 그래도 해가 든다. 아침결에 책보만 한 해가 들었다가 오후에 손수건만 해지면서 나가 버린다. 해가 영영 들지 않는 윗방이 즉 내 방인 것은 말할 것도 없다. 이렇게 볕 드는 방이 아내 해이요, 볕 안 드는 방이 내 해이요(것이요) 하고 아내와 나 둘 중에 누가 정했는지 나는 기억하지 못한다.

이상은 아내를 부정적인 인물로 묘사하고 있다. '아내'는 다른 남자와는 대화를 하고 웃음을 나누지만 '나'에게는 수면제를 먹인다. 더군다나 다른 남자와 동침하는 모습을 들킨 '아내'는 폭력까지 휘두른다. 이상은 「날개」뿐만 아니라 다른 소설에서도 여자를 부정적으로 묘사한 경우가 많다.

이는 여성 공포증에서 온 결과라는 분석이 지배적이다. 자신을 버렸다고 생각한 어머니와 구박을 일삼던 큰어머니, 그리고 툭하면 조롱하던 문경의 영향일 터이다. 이상은 그런 여자들 때문에 불신과 분노 그리고 혐오감마저 품게 되었고 그것이 작품 속에 그대로 녹아든 것이다.

어릴 때 큰집으로 입양된 이상은 부모에게서 사랑을 받지 못한 채 성장했다. 물론 집안의 장손으로서 큰아버지가 큰 관심을 보여주긴 했지만 근본적인 애정 결핍에서 벗어나기에는 턱없이 부족했다. 그래서 「날개」 속에 등장하는 주인공은 어린아이와 같은 행동양식을 보인다. 아내가 외출하면 '나'는 화장품이나 거울 그리고 돋보기 등을 갖고 논다.

그러나 '나'는 결국 세상을 향해 날기 위해 높은 옥상에서 외쳐댄다. 정체된 자신에서 벗어나고 무기력한 현실을 바꾸려는 '나' 그리고 이상의 절규이다.

동경으로, 한 가닥 희망의 갈구

변동림과 새로운 보금자리를 꾸민 이상은 어느 때보다 왕성한 작품 활동을 펼쳤다.

하지만 두 사람의 관계는 오래가지 못했다. 소설 「동해(童孩)」에도 나오지만 변동림이 자신과 결혼하기 전에 이미 다른 남자와 깊은 관계가 있었다는 사실을 이상도 알고 있었다. 그것이 두 사람을 멀어지게 한 요인은 아니었다.

서로가 원했던 사랑이었지만 행복하지는 않았다. 이상은 몸과 마음이 죽음 쪽으로 향하고 있었다. 반면에 그녀는 막 행복한 삶을 시작하려는 시기였다. 결국 좁힐 수 없는 근본적인 문제 때문에 두 사람 사이에 틈이 생겨났다. 두 사람은 함께 자살을 공모하기도 했지만 그녀가 끝내 마음을 바꾸었다.

그녀는 건강하고 행복한 삶을 원했다. 이상 역시 다시 한 번 날고 싶다는 마음은 남아 있었다. 하지만 지치고 조각난 몸과 영혼으로 할 수 있는 것이 많지 않았다. 그래서 선택한 것이 일본행이었다.

"나 동경에 좀 다녀와야겠어."

표현은 그렇듯 잠시 다녀오겠다는 것처럼 비쳤지만 이상은 비장한 각오를 한 뒤였다. 정말 '한 번만 더 날아 보자'는 심정이었다.

친구들은 만류를 했지만 이상은 계획을 꺾지 않았다.

"손기정 선수가 베를린까지 가서 금메달을 땄으니 나 이상은 동경에 가서 그보다 더한 걸 따겠다는데 무슨 말들이 그리 많은가!"

이상은 결국 친구들이 마련한 조촐한 송별회를 끝으로 그들과 헤어졌다.

집으로 찾아간 이상은 부모에게도 사실을 알렸다.

"며칠만 있다가 올 테니 너무 걱정 마세요."

어머니는 이상한 예감이 들었는지 골목까지 따라나섰다. 이상도 그날따라 자꾸 뒤를 돌아보며 어머니의 모습을 눈에 새겼다. 마치 세상에서 마지막 작별이라는 사실을 서로가 예감하는 듯 두 사람은 오래 서로를 가슴에 담았다.

1936년 10월 일본 동경으로 간 이상은 냉혹한 현실 앞에서 주춤

해야만 했다.

　사실 동경은 그에게 있어 일종의 예술적 이상향이었다. 하지만 그를 기다리고 있는 동경은 눈앞의 현실이었다. 허름한 방 하나를 얻어 동경 생활을 시작한 그에게 찾아온 것은 혹독한 추위와 극심한 각혈의 아침뿐이었다.

하루는 배고픔을 견디다 못해 냉수로 배를
채우고는 이불을 쓰고 누워 있었다. 그때 옆방에서 구수
한 냄새가 풍겨와 더욱 참기 힘들었다. 된장인지 간장인지를 넣고
우동(가락국수)을 끓이는 중이었다. 참다못한 이상은 옆방으로 가서
사정을 했다.

"며칠을 굶어서 그러는데 남은 게 있으면 국물이라도 좀 나눠 주
시구려."

하지만 일본인들이 살고 있는 그 방의 반응은 겨울 칼바람보다
더 매서웠다.

"우리도 모자라니 다른 데 가서 알아봐요."

사실 이상이 방을 얻은 곳은 일용직 노동자 등 가난한 사람들이 모여 사는 빈민촌이었다. 그들도 그다지 형편이 넉넉하지 않아 그랬겠지만 눈앞이 노랗게 변한 이상에게는 참을 수 없는 냉대와도 같았다.

이상은 결국 물 한 사발을 더 들이킨 채 방으로 되돌아올 수밖에 없었다. 춥고 허기진 뱃속에 차가운 냉수를 다시 부어 대니 몸은 얼음장처럼 변해 버렸다. 시간이 갈수록 온몸은 꽁꽁 얼어 그대로 죽을 것만 같았다.

김기림에게 보낸 편지에 이상은 자신의 절박한 심정을 그대로 싣고 있다.

기림 형.

기어코 동경 왔소. 와 보니 실망이오. 실로 동경이라는 데는 치사스런 데로구려!

동경 오지 않겠소? 다만 이상을 만나겠다는 이유만으로라도…….

『삼사문학』 동인들이 이곳에 여럿이 있소. 그러나 그들은 어디까지나 학생들이오. 그들과 어우러지지 못하는 것을 보면 우리는 인제 그만하고 늙었나 보이다.

『삼사문학』에 원고 좀 주어 주오. 그리고 씩씩하게 성장하는 새 세기의 영웅들을 위하여 귀하가 귀하의 존중한 명성을 잠깐 낮추어『삼사문학』의 동인이 되어 줄 의사는 없는지 이곳 청년들의 갈망입니다. 어떻소?

편지 주기 바라오. 이곳에서 나는 빈궁하고 고독하오. 주소를 잊어서 주소를 알아 가지고 편지하느라고 이렇게 늦었소. 동경서 만났으면 작히 좋겠소.

형에게는 건강도 부귀도 넘쳐 있으니 편지 끝에 상투로 빌 만한 말을 얼른 생각해 내기가 어렵소그려.

『삼사문학(三四文學)』은 1934년 9월 1일 창간된 순수문예 동인지였다. 1934년에 창간되었다고 해서 지어진 이름으로 최초의 동인은 신백수, 이시우, 정현웅, 조풍연이었다. 나중에 장서언, 최영해, 홍이섭 등이 새로 가담했으며 조풍연 외에는 모두 시를 썼다.

1935년까지는 조풍연과 정현웅이 편집을 맡았고 동인지 6호는 동경에서 신백수가 발행하기도 했다. 그 무렵 황순원과 한적선 등이 새로 참가했다. 스무 살 안팎의 젊은 신인들이 모여 참신한 문학을 부르짖었지만 그해 12월에 중단되었다.

『삼사문학』 동인 출신들과 몇 번의 만남이 있었다. 그러나 그들은 아직 어린 학생들이라 그다지 깊은 교류는 갖지 못했다. 더군다나 이상이 때와 장소를 가리지 않고 각혈을 보이자 더러는 피하는 눈치였다.

　이상은 「각혈의 아침」이라는 작품에서처럼 자신에게 닥친 현실을 비웃으며 견뎌 보려고 노력한다.

　　나의 호흡에 탄환을 쏘아 넣는 놈이 있다

　　병석에 나는 조심조심 조용히 누워 있노라니까 뜰에 바람이 불어서

　　무엇인가 떼굴떼굴 굴려지고 있는 그런 낌새가 보였다

　　별이 흔들린다 나의 기억의 순서가 흔들리듯

　　어릴 적 사진에서 스스로 병을 진단한다

　　가브리엘천사균(내가 가장 불세출의 그리스도라 치고)

　　이 살균제는 마침내 폐결핵의 혈담이었다(고?)

　　폐 속 페인트칠한 십자가가 날이면 날마다 발돋움을 한다

　　폐 속엔 요리사 천사가 있어서 때때로 소변을 본단 말이다

　　나에 대해 달력의 숫자는 차츰차츰 줄어든다

　　네온사인은 색소폰같이 야위었다

　　그리고 나의 정맥은 휘파람같이 야위었다

하얀 천사가 나의 폐에 가벼이 노크한다

황혼 같은 폐 속에서는 고요히 물이 끓고 있다

고무 전선을 끌어다가 성베드로가 도청을 한다

그리곤 세 번이나 천사를 보고 나는 모른다고 한다

그때 닭이 홰를 친다 — 어엇 끓는 물을 엎지르면 야단 야단 —

　추위와 배고픔 그리고 각혈로 이어지는 그해 겨울은 이상에게
시련이었다. 하지만 그는 차가운 다다미방에 엎드려 주옥같은 작
품들을 각혈처럼 쏟아 냈다.「공포의 기록」,「종생기」,「권태」,「슬
픈 이야기」,「환시기」 등이 그 무렵에 탄생되었다.

　그의 유서와도 같은 「종생기」는 차가운 셋방에 뜨거운 가슴을
대고 쓴 작품이다.

　「종생기」도 그의 자전적인 단편소설로,「날개」,「봉별기」보다 더
절실한 내용을 담고 있다. 이상이 극한 굶주림과 병마에 시달리면
서 마지막 혼을 불살라 쓴 작품이다.

　죽음을 예감하듯, 그래서 정말 유서를 쓰듯 이상은 곳곳에 자신
의 절박한 심정을 담고 있다.

　일생(一生)의 하루 — 하루의 일생(一生)은 대체 (위선) 이렇게 해서
끝나고 끝나고 하는 것이었다.

자, 보아라.

이런 내 분장은 좀 과하게 치사스럽다는 느낌은 없을까, 없지 않다.

특히 마지막 부분에서 이상은 자신을 이렇게 묘사한다.

나는 지금 이런 불쌍한 생각도 한다. 그럼…… 만 26세와 3개월을
맞이하는 이상 선생님이여! 허수아비여!

자네는 노옹일세. 무릎이 귀를 넘는 해골일세. 아니, 아니.

자네는 자네의 먼 조상일세. 이상(以上).

이 작품 역시 죽음이나 불안정한 생활 여건에서 오는 강박관념
이 특징이다. 다른 작품에 비해 문장이 산만하고 구성에 짜임새가
없는 것도 그 때문이다. 더군다나 극한적인 상황에서 쓴 탓인지 미
학적인 면도 떨어지는 등 완성도가 높지 않다.

인간의 영혼을 가장 건강하고 맑게 유지해 주는 것이 무엇일까?
단순히 의식주의 해결만이 올바른 정신을 세워 주고 희망을 노래
할 수 있는 영혼을 만드는 것일까. 물론 기본적인 것들이 채워졌을
때 우리는 건강한 정신을 발휘할 수 있다. 그런데 이상은 육체는 물
론 정신의 양식마저 공급되지 못하는 상황에서도 끝까지 펜을 놓
지 않았다. 그러니 결국 정상적인 창작에 미치지 못하는 결과를 낳

을 수밖에 없지 않았을까. 떨리는 손가락과 폐를 터뜨릴 듯 폭발하는 기침, 그리고 희미해진 시야와 몽롱한 의식 속에서 과연 인간은 무엇을 할 수 있겠는가?

「종생기」는 일본풍의 소설로, 한자를 지나치게 많이 사용했다는 점 외에도 전체적으로 다소 예술성이 떨어진다는 평가도 있다. 결국 죽음을 앞둔 극한 의식을 적나라하게 기록했다는 정도의 의미가 있다는 분석이다. 하지만 단순히 죽음을 앞둔 한 인간이 마지막 호흡을 고르고 삶에 대한 끈을 잡고자 쓴 것만은 아닐 것이다. 이상이 의식했을지는 모르지만 그는 적어도 어둡고 균열 투성이인 이 땅에 대한 뜨거운 숨결을 남기고자 한 것은 아니었을까. 그것이 민족혼이든 독립을 위한 염원이든 혹은 예술적 투혼이든 그는 분명 우리에게 삶의 숨결보다 더 뜨거운 무엇을 선물하고자 했을 것이다.

「권태」는 한 달 후인 12월 19일에 탈고했다.

태양이 작열하는 대낮부터 밤까지 이어지는 성천의 풍경을 그린 여정기가 「권태」이다. 죽음을 앞둔 이상에게 있어서 여행을 하면서 새겼던 그때의 풍경들이 절실했던 이유는 무엇이었을까. 권태롭기만 한 여름날의 시골 풍경조차 어쩌면 이상에게는 돌아가고 싶은 공간이었는지도 모른다.

하지만 그의 몸과 의식은 더욱더 죽음 쪽으로 기울어져 있음이 작품 곳곳에서 발견된다.

어서…… 차라리 어두워 버리기나 했으면 좋겠는데…… 벽촌의 여름날은 지리해서 죽겠을 만큼 길다.

(중략)

나는 무엇이고 하지 않으면 안 된다. 무엇을 해야 할 것인가 연구해야 한다.

(중략)

내일. 내일도 오늘 하던 계속의 일을 해야지. 이 끝없는 권태의 내일은 왜 이렇게 끝없이 있나?

(중략)

아무것도 생각할 수 없는 상태 이상으로 괴로운 상태가 또 있을까. 인간은 병석에서도 생각한다. 아니 병석에서는 더욱 많이 생각하는 법이다.

모든 것에서 절연된 지금의 내 생활…… 자살의 단서조차를 찾을 길이 없는 지금의 내 생활은 과연 권태의 극(極)권태 그것이다.

여기 어디 불을 찾으려는 정열이 있으며 뛰어들 불이 있느냐. 없다. 나에게는 아무것도 없고, 아무것도 없는 내 눈에는 아무것도 보이지 않는다.

이 무렵 시「위독」과 수필「행복」,「19세기식」등 을 발표했으며, 자전적 일인칭 단편소설「봉별기」와 그의 유일한 동화인「황소와 도깨비」를 남겼다.

어느 산골에 게으른 나무꾼인 돌쇠라는 노총각이 살았는데 가족이 없는 외톨이였다. 하지만 돌쇠에게는 가족만큼 소중한 황소가 있어 늘 자랑이었다.

어느 날 나무를 팔고 돌아오던 길에 아기 도깨비가 사냥개에 쫓겨 와서는 사정을 했다. 황소 뱃속에 두 달만 들어가 있게 해 달라는 것이었다. 그러면 황소의 힘을 열 배나 강하게 만들어 주겠다는 약속도 했다. 망설이던 돌쇠는 결국 허락을 했다.

힘이 강해진 황소를 갖게 된다는 생각에 돌쇠는 기분이 좋아졌다. 하지만 약속한 두 달이 되었지만 도깨비는 황소 뱃속에서 나올 생각을 하지 않았다. 그러던 어느 날 황소가 괴로워서 날뛰기 시작했다. 도깨비가 그동안 커져 버려 황소의 목에 걸려 입으로 나오지 못했기 때문이었다. 황소가 죽을 것만 같아 돌쇠는 걱정을 하며 슬퍼했다. 걱정이 되어 밤새 황소 곁에서 지키고 있던 돌쇠가 하품을 했다. 그러자 황소도 따라서 하품을 했는데 그 순간 도깨비가 껑충 뛰어 밖으로 빠져나왔다. 고맙다며 인사를 한 도깨비가 황소의 힘을 백 배나 강하게 만들어 주었다.

돌쇠도 도깨비도 아주 행복하게 살게 되었다. 서로 믿어 주었기에 돌쇠는 백 배나 강해진 황소를 얻게 되었고, 도깨비는 자유로운 몸이 되었던 것이다.

동화 「황소와 도깨비」는 짧지만 우리에게 던져 주는 메시지가 강한 작품이다. 혹독한 겨울나기를 하면서도 이상이 이 같은 아름다운 동화를 남길 수 있었던 원동력은 무엇일까? 어쩌면 죽음을 예감한 시점에서 조국을 생각한 마지막 작가정신이었을 것이다.

이유가 어떻듯 동화 「황소와 도깨비」는 그의 훌륭한 작품들 속에서 또 다른 의미로 우리에게 감동을 주고 있다.

시련의 연속이었지만 이상은 그렇게 동경에서의 겨울을 무사히 넘겼다.

1937년 1월경에 H형에게 보낸 편지에서 이상은 자신의 더 진솔한 심정을 드러내고 있다.

저에게 주신 형의 충고의 가지가지가 저의 골수에 맺혀 고마웠습니다. 돌아와서 인간으로서, 아니, 사람으로서의 옳은 도리를 가지고 선처하라 하신 말씀은 참 등에서 땀이 날 만치 제 가슴을 찔렀습니다.

저는 지금 사람 노릇을 못하고 있습니다. 계집은 가두(街頭)에다 방매(放賣)하고 부모로 하여금 기갈(飢渴)케 하고 있으니 어찌 족히 사람이라 일컬으리까? 그러나 저는 지식의 걸인(乞人)은 아닙니다. 7개 국어 운운도 원래가 허풍이었습니다.

살아야겠어서, 다시 살아야겠어서 저는 여기를 왔습니다. 당분간은 모든 죄와 악을 의식적으로 묵살하는 도리 외에는 길이 없습니다. 친구, 가정, 소주, 그리고 치사스러운 의리 때문에 서울로 돌아가지 못하겠습니다.

여러 가지를 생각하고 있습니다. 어떻게 했으면 좋을지를 전연 모르겠습니다. 저는 당분간 어떤 고난과도 싸우면서 생각하는 생활을 하는 수밖에 없습니다. 한 편의 작품을 못 쓰는 한이 있더라도, 아니, 말라비틀어져서 아사하는 한이 있더라도 저는 지금의 자세를 포기하지 않겠습니다. 도저히 '커피' 한 잔으로 해결될 문제가 아닌 것입니다.

(중략)

과거를 돌아보니 회한뿐입니다. 저는 제 자신을 속여 왔나 봅니다. 정직하게 살아왔거니 하던 제 생활이 지금 와 보니 비겁한 회피의 생활이었나 봅니다.

정직하게 살겠습니다. 고독과 싸우면서 오직 그것만을 생각하며 있습니다. 오늘은 음력으로 제야입니다. 빈대떡, 수정과, 약주, 너비아니, 이 모든 기갈의 향수가 저를 못살게 굽니다. 생리적입니다. 이길 수가 없습니다.

가끔 글을 주시기 바랍니다. 고독합니다. 이곳에는 친구 삼을 만한 사람이 없습니다. 아직 발견하지 못했습니다. 언제나 서울의 흙을 밟아 볼는지 아직은 망연합니다. 저는 건강치 못합니다. 건강하신 형이

부럽습니다. 그러면 과세 안녕히 하십시오. 부인께도 인사 여쭈어 주시기 바랍니다.

이상에게 있어서 동생들은 부모만큼이나 소중한 존재였다. 자신 역시 가난과 병마에 끊임없이 시달리면서도 경성에 있는 부모와 동생들이 겪고 있을 고통을 한시도 잊을 수 없었다. 특히 남동생 운경에게는 늘 미안하고 부끄러운 면이 많았다. 사업에 거듭 실패하고 끼니조차 때우지 못할 때 도와준 것이 바로 운경이었다. 운경은 청소부 일을 하고 있었는데 얼마 되지 않는 자기 월급을 쪼개 그런 마음을 내밀었던 것이다.

이상이 세상을 떠나기 전 경성에 있는 운경에게 마지막 소식을 전한 것은 1937년 2월 8일경이었다.

어제 동림이 편지로 비로소 네가 취직되었다는 소식 듣고 어찌 반가웠는지 모르겠다. 이곳에 와서 나는 하루도 마음이 편한 날이 없이 집안 걱정을 하여 왔다. 울화가 치미는 때는 너에게 불쾌한 편지도 썼다. 그러나 이제는 마음을 놓겠다. 불민한 형이다. 인자(人子)의 도리를 못 밟는 이 형이다. 그러나 나에게는 가정보다도 하여야 할 일이 있다. 아무쪼록 늙으신 어머님 아버님을 너의 정성으로 위로하여 드려라. 내 자세한 글, 너에게만은 부디 들려주고 싶은 자세한 말은 2, 3일

내로 다시 쓰겠다.

그러나 이상은 다시는 동생에게 편지를 부치지 못했다.

정말 이상은 자신의 죽음을 예견하고 있었을까. 그는 고통 속에서도 수많은 작품들을 쓰고 발표했으며, 여러 사람들에게 소식을 자주 전했다.

한편 김운경은 통신사 기자로 근무하다가 6·25전쟁 때 납북이 된다. 그나마 이상에게 다행인 것은 사랑하는 남동생의 잘된 모습만을 가슴에 새긴 채 눈을 감았다는 것이 아닐까.

2월 10일 새벽에 이상은 김기림에게 다시 편지를 썼다. 이상이 마지막으로 펜을 잡았던 날이며 그가 남긴 마지막 글이기도 하다.

레몬 향기를 맡고 싶소

1937년 2월 12일, 스물여덟 살의 이상은 동경 거리를 쏘다녔다.

성급한 마음에 아직 고개조차 쳐들지 않고 있는 봄이라도 만나려는 듯 정신없이 걸었다. 그런데 그것이 이상의 운명을 결정짓는 일이 되고 말았다.

남루한 옷차림에 직업도 분명하지 않은 이상은 일본 경찰에 잡혀 경찰서에 구금되는 신세가 되었다. 일본이 중국과의 전면전을 계획하고 있던 무렵이라 수상한 사람은 모두 잡아넣고 있었다. 까치집 같은 머리를 하고 깎지 않은 수염과 요상한 옷차림을 한 이상을 그냥 넘길 일본 경찰이 아니었다.

이상의 죄명은 불령선인으로, 당시 일본인들이 자기들의 지시를 따르지 않는 불온한 한국 사람을 지칭하던 말이었다. 결국 사상범 취급을 받은 이상은 2월 12일에 체포되어 3월 16일까지 니시간다 경찰서의 유치장 신세를 지게 되었다.

쿡쿡쿡쿡쿡…….

유치장 생활 첫날부터 이상은 기침과 각혈에 시달렸다. 일본 경찰은 꾀병이라며 거들떠보지 않았다. 그러나 첫날부터 가해진 고문 때문에 이상의 몸은 이미 만신창이였다. 폐결핵마저 더욱 악화되어 숨 쉬기조차 어려울 지경이었다.

결국 이상은 심한 각혈과 함께 실신을 하고 말았다. 그때야 놀란 일본 경찰이 이상을 동경 제국대학 부속병원에 부랴부랴 입원시켰다. 하지만 이미 때를 놓친 뒤였다. 검사 결과 이상의 폐는 알아볼 수 없을 정도로 심하게 망가져 있었다.

진료를 맡았던 일본인 의사는 어이없다는 표정이었다.

"어째 젊은 사람을 이렇게까지 내버려 뒀단 말이야. 폐가 형체도 없으니……."

병실에 누운 이상의 남은 시간들을 외롭지 않게 채워 준 사람들이 있었다. 소문을 듣고 달려온 유학 중인 『삼사문학』 출신 학생들이었다. 그들이 날마다 찾아와 이상의 곁을 지켜 주었다. 그들은 밤낮을 가리지 않고 교대로 간호를 해 주었고 말동무를 마다하지 않았다. 어쩌면 이상이 세상에서 마지막으로 받은 선물인지도 몰

랐다.

"고맙네. 내 죽으면 자네들을 위해 게으르지 않게 바라보면서 잘 되기를 빌겠네."

이상은 거친 숨을 몰아쉬면서 그들에게 고마움을 표시했다. 몸은 이미 죽음의 문턱에 이르렀지만 정신만은 어느 때보다 또렷했다.

어느 날에는 주사를 맞자 힘이 솟구쳤는지 벌떡 자리에서 일어나기도 했다. 그러나 곧 힘없이 무너져 버렸다. 아직도 할 일이 많기에 눈을 감을 수 없다는 몸부림이 아니었을까.

"레몬 향기를 맡고 싶소……."

그러던 어느 봄날 유언처럼 이상은 그 말만을 남기고 눈을 감았다.

1937년 5월 26일 새벽 네 시였다.

공교롭게도 이상이 숨을 거두기 전날인 5월 25일에 아버지와 할머니가 세상을 떠났다. 그러나 이상은 거의 혼수 상태에 빠져 있었기 때문에 비보를 듣지 못하고 죽은 것이다. 그나마 아버지와 할머니보다 하루를 더 살았으니 우리의 정서인 불효는 면한 셈이었다.

소식을 들은 변동림이 경성에서 달려왔다.

화장이 된 이상의 유골은 변동림의 품에 안겨 귀국했다. 경성으로 옮겨진 이상은 먼저 떠난 김유정을 만날 수 있었다. 두 사람의 합동 영결식이 치러진 것이다. 그 뒤 이상은 미아리 공동묘지에 매장되었는데, 만 26년이라는 짧은 삶의 마감이었다.

한국 근대 문학사가 낳은 천재 작가 이상은 미처 날지 못한 채
사라졌다. 하지만 많은 사람에게 그 몫을 남겨 둔 것이다.

암울했던 한 시대를
바람처럼 머물다 간, 이상

　그에게 있어 짧은 생애였지만 많은 것을 남겨 놓은 시간이기도 했다. 자칭 '박제가 돼 버린 천재'이며 '모더니즘의 선구자'라고 소리쳤던 그가 남긴 것은 무엇일까?

　이상은 스물두 살인 1931년부터 본격적으로 작품 활동을 시작했다. 그림과 건축에도 재능이 있었던 그는 독특한 자기만의 문학을 탄생시켰다. 불과 7년이라는 짧은 기간이었지만 아직도 기억되고 연구되는 적지 않은 수작들이 그 증거다.

　그를 두고 거만하고 이기적인 천재라고도 한다. 그는 세상에 즐비하게 늘어선 온갖 질서와 규칙에 얽매이지 않고 고자세를 취한 채 자기만의 삶을 경영해 갔다. 늘 병자처럼 창백한 낯빛에 빗질도 하지 않은 머리와 제멋대로 자란 수염을 한 그였다. 보헤미안 넥타이를 즐겨 매고 사시사철 흰 구두만 신고 다녔다. 외향적인 것보다는 늘 내면의 장식을 위해 고민했다. 이는 그의 작품에서도 잘 드러나는 특색이기도 하다.

한편 자주 표절 시비에 휘말렸던 그를 놓고 '사기꾼'이라고 평가하는 목소리도 없지 않다. 반대로 생각하면 그만큼 그의 작품은 낯설고 실험적이기 때문이다. 그의 삶 또한 평범함을 거부하는 독특한 흔적을 남기고 있다.

사업 능력은 뛰어나지가 못해 이상은 쉽게 현실에서 벗어날 수가 없었다. 올가미처럼 자신을 옭아매고 있는 불우한 가족사지만 그마저도 포기하거나 버릴 수가 없었다. 그리고 인연이 닿는 사랑마다 골이 깊은 가슴앓이의 상처가 남았다. 절실하게 소유하고자 뻗은 두 손에 잡히는 것은 이별과 공허함의 빈 허상이었다.

죽음을 예감하게 하는 각혈. 각혈이 시작될 때부터 이상은 죽음을 준비했는지도 모른다. 직장을 그만두고 그는 더욱 절실하게 자신을 탐구하는 일에 매달렸다. 그것은 곧 세상에 대한 두드림이었다. 각혈과도 같은 작품들을 토해 낼 때마다 질타와 매도에 시달리기도 했다. 하지만 그런 것들은 그의 영혼을 뒤흔들 수 없었다.

이상은 거울을 보며 자기 자신을 더 또렷하게 세우는 일에 열중했다.

하지만 세상은 쉬운 상대가 아니었다. 한 걸음 다가가면 그만큼 멀어지고 차가운 시선만이 되돌아올 뿐이었다. 거듭되는 사업 실패로 세상은 언제나 냉혹함만을 안겨 주었다. 좌절을 어루만져 줄 사랑마저 그의 곁에 오래 머물지 않았다. 설상가상으로 병은 악화되고 자신의 시간이 얼마 남지 않음에 신음해야 했다. 죽음을 바라보는 까마귀의 눈처럼 그는 아득함 속에서 절망을 목격했다. 하지만 날개 같은 희망을 갈구했다.

좌절과 죽음을 어루만지듯 떠난 여행길에서 새긴 풍경들은 삶에 대한 애착을 더욱 선명하고 눈부시게 해 주는 것들이었다. 보다 많은 것들을 새기고 싶어서였을까. 그는 바람처럼 떠돌면서도 깊은 상념에 심취했고 주변의 사람들을 다독이는 시간도 가졌다.

하지만 끝내 죽음은 그를 놓아주지 않았다.

삶의 재기와 마지막 예술에 대한 희망을 안고 떠난 일본 동경 길. 상처를 치유하고 희망을 얻고자 향한 그곳에서 그는 짧은 생애를 마감하고 만다. 혹독한 겨울을 견디며 유서 같은 작품들을 기록해 갔다. 그의 표현대로 '펜은 최후의 칼'이었다. 자신의 상처를 도려내듯 펜이라는 메스를 손에서 놓지 않았다. 그러나 봄이 오기도 전에 그는 운명의 끝과 만나게 된다.

평생 자신을 족쇄처럼 옭아매던 우울한 가족사를 뒤로한 채 그는 떠났다. 양팔을 벌려 감싸 주기보다는 정신병자 취급했던 시선들을 이해한 채 눈을 감았다. 혹독한 현실 속에서 자기만의 예술혼을 불사르다 먼 타향에서 새벽 이슬처럼 사라진 것이다.

그는 어쩌면 숨을 거두기 전까지 단절된 가족애와 모성애, 그리고 시대적 고립감으로 점철되었던 유아 시절에 머물러 있었는지도 모른다. 그래서 오히려 거꾸로 서너 살 후퇴하여 탄생 이전으로 돌아간 것은 아닐까. 날개를 펼 수 없었지만 가능성은 아직 남겨 놓고자 서둘러 생을 마감했는지도 모른다. 다시 이 땅의 뜨거운 숨결로 태어나기 위해서 말이다.

젊은 나이에 요절한 그는 외롭지는 않았을 것이다. 사랑했던 사람보다 자신을 사랑한 사람이 더 많다는 것을 깨달았을 테니까.

이상의 작품이 쉽게 이해되지 못하는 이유는 평범함을 거부했기 때문이다. 그는 인간 해체의 위기적 현실을 바탕으로 한 작품을 주로 만들어 냈다. 묘사보다는 일종의 자기학대적인 심리를 드러내는 방식을 택했다. 조롱과 비웃음, 아이러니 그리고 역설 등을 작품으로 승화시킨 것이다.

이것은 이상만의 방법이었다. 1930년대 일제 강점기라는 시대적 상황 속에서 찾은 탈출구가 문학과 예술이었다. 행복하지 않았던 가족사와 성장 과정을 희석하고 이 모든 것으로부터 벗어나고픈 도피처이기도 했다. 그 때문에 문학 전반에 걸쳐 자의식이 지나

칠 정도로 지배적이었고, 형식면에서도 난해한 기법이 생겨났다. 결과적으로 많은 사람에게 쉽게 전달되지 못했지만 시대를 앞서 걸었다는 점에서는 긍정적인 평가가 이루어져야 한다.

이상, 그는 서구의 모더니즘을 나름대로 잘 이해하고 받아들인 사람이었다. 또한 그는 수학과 건축학에도 남다른 능력을 소유했다. 기하학적인 기호와 숫자로 시를 표현해 낼 수 있었던 것도 그 때문이다. 하지만 능력이나 열정만큼 큰 결과는 낳지 못했다. 그 당시 우리는 일제 식민통치하에 있었기에 자율이 생명인 모더니즘이 꽃을 피울 수 없었기 때문이다.

이상의 의식을 채운 자물쇠는 견고했다. 그는 어린 시절 부모에 대한 사랑을 인위적으로 박탈당한 기억을 갖고 있다. 의지와는 상관없이 큰집으로 입양이 되었고, 친부모를 마음대로 만날 수 없는 현실 속에서 성장했다. 어머니로부터의 애정 결핍과 큰어머니 등에게서 받은 깊은 상처는 여성 공포증으로까지 몰아가게 된다. 그의 사랑을 변형시켰고, 문학에 더욱 심취하고 의지하게 만드는 요인이 되었다.

그가 문학에 빠져 있던 1930년대는 철저한 식민지 정책에 모두가 신음하던 시기였다. 그런 상황에서 이상은 자신의 문학으로 아픔과 답답함을 대신해야 했다. 더군다나 폐결핵에 대한 절망과 자살에 대한 충동에 시달렸던 그는 정상적인 호흡이 힘들었다. 공포와 좌절은 자기만의 표현 양식을 만들어 내는 계기가 되었다.

자의식의 탐구와 형태의 파괴 그리고 해체 등은 이상만의 언어를 담는 그릇이 되었다. 숫자의 뒤틀림과 기하학적인 양식 등은 새로운 의식을 구축하는 그만의 도구였다. 그래서 이상의 문학은 한국 문학사에서 빼놓을 수 없는 부분이다. 새로운 인식과 해석을 가능하게 해 주었고, 또한 새로운 문학의 가능성을 보여 주었기 때문이다.

이상은 만 26년 7개월이라는 짧은 생애를 살다 갔지만 뛰어난 시와 소설 그리고 수필을 남겼다.

그의 시에는 초현실주의의 자동기술법이 두드러진다. 또한 일상적인 언어 체계와 질서를 부정한다. 「이상한 가역반응」, 「오감도」, 「삼차각설계도」, 「건축무한육면각체」를 시작으로 그의 대부분의 시들이 그렇다.

소설에서는 내적인 독백과 의식의 흐름을 기법으로 삼았다. 지식인의 좌절과 분열된 자의식의 세계를 주로 그렸다. 「12월 12일」, 「휴업과 사정」, 「지도의 암실」, 「지주회시」, 「날개」, 「동해」, 「종생기」 등이 이에 해당된다.

수필에서도 그의 특색은 잘 드러난다. 기존의 틀이자 전통적인 맥이라고 할 수 있는 묘사나 기교보다는 자의식의 흐름에 따른 그만의 색깔을 구축하고 있다. 그의 대표적 수필인 「산촌여정」, 「권태」,「공포의 기록」,「실낙원」 등은 그만의 문학 세계를 엿볼 수 있는 작품들이다.

이상이 남긴 것은 우리들의 보다 높은 정서와 그 떨림으로 인한 성장이다. 그가 남긴 '날개'의 가치를 이해하고 나름대로 습득하는 것이 우리들의 숙제다.

그의 문학을 놓고 아직도 해석을 달리하고 있다. 일상적인 문법 구조의 파괴라는 면에서 그를 초현실주의의 선구자라고 부른다. 또한 심리 소설의 개척자이며 도구적 합리성을 극복하고 미적 자율성을 확립한 모더니즘의 실천자로 높이 평가되고 있다. 다른 한편에서는 인간에 대한 연구와 인식을 부정하고 자기만의 관념에만 몰두한 작가로 규정되기도 한다.

그러나 중요한 것은 그를 어떻게 규정짓느냐가 아니다. 그가 남긴 것이 무엇이며, 그것으로써 얼마나 많은 공감대를 형성하며 발전할 수 있느냐가 더 중요하다.

그는 분명 세계의 평화나 안녕을 위해 그리고 나라의 독립을 위해 문학을 하지는 않았다. 민족적 자각이 있어 펜 끝에 힘을 주어 자신의 의지를 다지는 사명감도 없었다. 하지만 그는 짧은 자신의 생애 동안 누구보다 아프게 고민했고 각혈 같은 언어들을 쏟아 내며 작가로서 예술가로서의 삶을 살았다.

암울했던 시기에 문학을 통해 인간 고통의 근원을 발견하고자 했던 인물임에는 의심의 여지가 없다. 비록 짧은 생애로 더 많은 작품을 남기지는 못했지만 그는 영원히 잊히지 않는 한 사람의 작가로 남을 것이다.

안타까운 사실은 그를 기리는 시비는 물론 현재는 집들이 들어서 묘지의 흔적조차 찾아볼 수 없다는 것이다. 그러나 그의 들끓는 피와 열정은 아직도 우리들 가슴에 '날개'를 심어 놓고 있다. 보이지는 않지만 그가 남긴 우리 의식 속의 '날개'는 부정할 수 없다.

이제 시작하려는 사람이든, 좌절로 인해 잠시 웅크린 사람이든 누구에게나 '날개'는 필요하며 그 '날개'를 소유할 수 있는 권리가 있다. 그의 문학을 통해 혹은 아쉽지만 후회 없었을 생애를 통해 나름대로의 '날개'를 찾아 펼쳐 보는 것은 어떨까?

이상(理想)을 위해 모두가 한번 힘차게 날아 보는 것이다.

이상 연보

1910년	9월 23일 서울 종로구 사직동에서 출생.
	본관은 강릉이며 김해경(金海卿)이 본명.
1912년	부모와 헤어져 통인동 백부의 양자로 가 24세까지 성장.
	5세부터 지나친 애정을 품은 백부에게 한문을 배움.
1914년	남동생 김운경 출생.
1916년	여동생 김옥희 출생.
1917년	종로구 누상동에 있는 신명보통학교 1학년에 입학.
	그림에 재질을 보이고 부모에 대한 원망과 그리움이 시작됨.
1921년	신명보통학교 4년 졸업.
	백부의 교육열로 조선불교 중앙교무원이 경영하는 동광학교(중학 과정)에 입학.
1924년	동광학교가 보성고등보통학교에 병합되어 4학년에 편입학.
	교내 미술전람회에 유화 〈풍경〉이 입상하여 화가의 꿈을 키움.
1926년	보성고보 5학년 졸업.
	같은 해 동숭동에 있는 경성고등공업학교(서울대학교 공과

대학 전신) 건축과 1학년에 입학.

미술에 더욱 열중하여 교내 회람지『난파선』의 편집을 주도, 시와 삽화를 발표.

1928년   이상(李箱)이라는 새로운 이름을 갖게 되는 동기가 생김.

1929년   경성고등공업학교를 우수한 성적으로 졸업.

백부의 알선으로 조선총독부 내무국 건축과 기수로 취직.

관방 회계과 영선계로 자리를 옮김. 조선건축회지『조선과 건축』표지 도안 현상 모집에 1등과 3등으로 각각 당선.

1930년   장편소설「12월 12일」을『조선』지에 연재.

1931년   시「이상한 가역반응」,「삼차각설계도」등을『조선과 건축』에 발표.

척추장애 화가, 구본웅을 만나 함께 예술과 삶에 대해 고민함.

서양화〈자화상〉을 선전에 출품하여 입선.

백부의 사망.

1932년   『조선과 건축』표지 도안 현상 모집에 제4석으로 당선.

비구라는 이름으로 시「지도의 암실」과 처음으로 이상이라는 필명으로「건축무한육면각체」를『조선과 건축』에 발표.

1933년   심한 각혈로 총독부 기수직을 그만둠.

통인동 백부의 집을 정리하여 효자동에 집을 얻음.

백모는 계동으로 이사를 하고 21년 만에 친부모, 형제들과 함께 살게 됨.

요양차 간 황해도 연안 배천 온천에서 작부 금홍을 만남. 서울 종로구 청진동에 다방 '제비'를 개업 금홍과 동거 생활 시작.

시 「이런 시」, 「꽃나무」, 「1933년 6월 1일」, 「거울」 등을 발표.

1934년   김기림과 정지용의 추천으로 구인회에 가입, 본격적인 문학 활동 시작.

『매일신보』에 시 「보통기념」을 발표, 『조선중앙일보』에 시 「오감도(烏瞰圖)」를 연재. 「오감도」가 큰 물의를 일으키자 15회로 중단.

박태원의 신문 연재소설 「소설가 구보 씨의 1일(一日)」에 하융(河戎)이라는 이름으로 삽화를 그림.

소설 「지팡이 역사」와 시 「소영위제」 등을 발표.

1935년   시 「지비」, 「정식」 발표. 경영난으로 허덕이던 다방 '제비'의 문을 닫고 금홍과 헤어짐. 인사동의 카페 '쓰루'를 인수하여 경영.

이곳에서 두 번째 여인을 만남.

카페 '쓰루'와 명동의 다방 '무기' 등 계속되는 사업 실패로 생활고에 허덕임.

가족은 효자동에서 신당동 빈민촌으로 이사.

평안남도 성천 등지를 여행. 이곳에서 수필 「권태」 등의 소재를 얻음. 수필 「산촌여정」을 발표.

1936년 구본웅의 부친이 경영하는 창문사에 취직.

창문사에서 구인회 동인지 『시와 소설』을 편집 출간.

1집만 내고 창문사를 나옴.

폐결핵을 앓는 김유정과 친분을 쌓으며 동병상련의 아픔도 나눔.

시 「가정」, 「지비 1·2·3」, 「역단」, 수필 「서망율도」, 「조춘점묘」, 「여상」, 「추등잡필」, 단편소설 「지주회시」, 「날개」, 「봉별기」 등을 발표할 정도로 왕성한 창작 활동을 보임.

전부터 알았던 이화여자전문학교(이화여자대학교 전신) 출신 변동림과 결혼.

10월, 요양과 새로운 재기를 위해 일본 동경(도쿄)으로 떠남.

동경에서 「공포의 기록」, 「종생기」, 「권태」, 「슬픈 이야기」, 「환시기」 등을 씀.

시 「위독」, 수필 「행복」, 「19세기식」 등과 동화 「황소와 도깨비」를 발표.

1937년 2월, 중국과의 전면전을 준비하던 일본 동경에서 불온 혐의로 경찰에 체포 구금됨.

건강이 악화되어 동경제대 부속병원에 입원했지만 이미 회복될 수 없는 상태.

5월 26일 새벽 4시, 28세의 일기로 세상을 떠남.

변동림에 의해 유해는 화장되어 귀국.

미아리 공동묘지에 안장되었지만 그 후 유실됨.

단편소설 「종생기」와 수필 「권태」, 「슬픈 이야기」 등이 유고로 발표.

1938년   단편소설 「환시기」가 유고로 발표.

1939년   단편소설 「실화」, 「단발」, 「김유정」과 수필 「실낙원」, 「병상 이후」, 「동경」, 「최저낙원」이 유고로 발표.

ⓒ 이원준, 2007

초   판 1쇄 발행일 2007년 3월 28일
개정판 1쇄 발행일 2013년 1월 28일
      2쇄 발행일 2017년 11월 7일

지은이   이원준
펴낸이   강병철
편집   사태희 윤민혜 양지하 한승희
디자인   이연경 조윤주
마케팅   이경훈 한승훈 윤혜은 조미숙

펴낸곳   더이룸출판사
출판등록   1997년 10월 30일 제1997-000129호
주소   04047 서울시 마포구 양화로6길 49
전화   편집부 02) 324-2347 경영지원부 02) 325-6047
팩스   편집부 02) 324-2348 경영지원부 02) 2648-1311
이메일   jamoteen@jamobook.com

ISBN 978-89-5707-725-2 (44990)